# Buddug James: Brenhines y Ddrama

**Golygydd: Andrea Parry**

*Cassie*

CW01072526

2

Argraffiad cyntaf: 2009

ISBN 978-1-906396-18-3

Cyhoeddwyd gyda chymorth ariannol
Cyngor Llyfrau Cymru

Cyhoeddwyd gan Gyhoeddiadau Barddas
Argraffwyd gan Wasg Dinefwr, Llandybïe

**Buddug James**: Brenhines y Ddrama

**Golygydd: Andrea Parry**

## Diolchiadau ...

Diolch yn fawr iawn i'r holl gyfranwyr am eu teyrngedau, eu lluniau a'u hatgofion amrywiol ac am eu hamser a'u parodrwydd i'w cofnodi a'u rhannu.

Gyda diolch i'r cyhoeddiadau canlynol am gael cynnwys erthyglau: *BBC ar y We, Y Cymro* a phapurau bro.

Diolch o galon i Swêl (Elwyn Edwards) am ei arweiniad, ei anogaeth, ei wthio a phob cymorth diflino.

Diolch i Barddas am ei ffydd ac am roi'r cyfle i mi gyhoeddi'r gyfrol.

Diolch o waelod calon i Mam a Macsen am eu hamynedd a'u hamser, ac i'm ffrindiau am eu cefnogaeth.

Yn olaf, diolch yn dalpiau i wrthrych y gyfrol – B.J. – am fod yn destun mor apelgar ac yn ysbrydoliaeth.

Ceisiwyd cysylltu â chynifer â phosib o'r cyfranwyr. Ymddiheurwn os na chafwyd gafael ar bawb.

4

# PWY 'DI PWY O'R CYFRANWYR?

## Pwy 'di pwy o'r cyfranwyr?

Vernon Jones – Cymydog a chyfaill
Lowri Rees – Cyn-ddisgybl yn Ysgol y Berwyn; newyddiadurwraig

Y lluniau gan:
*Pethe Penllyn,*
*Y Cymro,*
*BBC ar y We,*
Gwynant Evans,
Gaenor Hall,
Capel y Garn,
Marian Beech
Hughes,
Ceris Gruffudd,
John Walter
Williams,
Dafydd Evans

## Cyfnod y Dole …

Y Parchedig R. W. Jones – Gweinidog Capel y Garn
Gaenor Hall – Cymdoges a ffrind bore oes
Yr Arglwydd Elystan Morgan – Cymydog a chyfaill
Y Parchedig W. J. Edwards – Cyfaill yn Ardwyn ac wedyn yn Y Bala
Gwynant a Bet Evans, Elgar – Cymdogion ac aelodau o Gwmni Licyris Olsorts
Tegwyn Jones – Aelod o Gwmni Licyris Olsorts
Alun Jenkins, Pontarfynach – Aelod o Gwmni Licyris Olsorts

**Buddug James:** Brenhines y Ddrama

# Cyfnod Y Bala …

| | |
|---|---|
| Y Parchedig Huw Jones – | Gweinidog Capel Tegid, Y Bala; Cwmni Drama Tegid |
| John Walter Williams – | Aelod o Gwmni Drama Tegid |
| Dafydd Evans – | Aelod o Gwmni Drama Tegid |
| Dr Iwan Bryn Williams – | Prifathro Ysgol y Berwyn, Y Bala |
| Y Prifardd R. O. Williams – | Cydweithiwr yn Ysgol y Berwyn |
| Y Parchedig Huw Dylan Jones – | Cydweithiwr yn Ysgol y Berwyn a chyfaill byd y ddrama |
| Y Prifardd Elwyn Edwards – | Cyfaill |
| Menna Medi – | Cyn-ddisgybl, cyfaill yn ardal y Dole ac aelod o Gwmni Licyris Olsorts |

# Y genhedlaeth nesaf …

| | |
|---|---|
| Carys Edwards – | Cyn-ddisgybl, aelod o gwmnïau drama B.J.; darlithydd a chynhyrchydd drama |
| Rhian Williams – | Cyn-ddisgybl ac athrawes Ddrama yn Ysgol y Berwyn |
| Rhydian Mason, Trefeurig – | cyn-aelod o Glwb Ffermwyr Ieuainc Tal-y-bont, a chyn-arweinydd y Clwb |
| Rhian Staples – | Cyn-ddisgybl ac actores |
| Rhian Dobson – | Cyn-ddisgybl yn ardal y Dole |
| Rhian Evans, Tal-y-bont – | Aelod o Glwb Ffermwyr Ieuainc Tal-y-bont a Chwmni Licyris Olsorts |
| Andrea Parry – | Cyn-ddisgybl yn Ysgol y Berwyn ac athrawes Addysg Gorfforol a Drama |
| Llio Richards – | Cyn-ddisgybl yn Ysgol y Berwyn |

## Buddug (B.J.) Jones
**Y Bala/Dole, hyfforddwraig drama**

O'r Dole crwydrai deilen, – a chrino
    Uwch rhinwedd ei helfen,
    Fel ei thrafael a'i threfen
    Hardd ei lliw ar ruddiau llên.

**Vernon Jones**

NES 1930 - 2006
GWYN CANOL

# Colled Fawr i Fyd y Ddrama
## Lowri Rees yn cofio Buddug James Jones

Collwyd un y bu ei chyfraniad yn fawr i fyd y ddrama yng Nghymru ym marwolaeth Buddug James Jones, Ionawr 2006.

Rhoddodd ei bywyd i bobol ifanc ac i'r llwyfan yng Nghymru ac yng nghyfarfod Cyngor yr Eisteddfod Genedlaethol yn Aberystwyth Ionawr 7 talwyd teyrnged iddi gan y Cadeirydd, Dafydd Whittall.

Roedd Buddug James Jones – o Fryngwyn Canol, Dole, Bow Street, Aberystwyth – yn gyfaill yn ogystal ag athrawes i genedlaethau o blant, ac fe ddysgodd i lawer ohonom dechneg y bêl hoci yn ogystal â sut i actio a mwynhau ar lwyfan Ysgol y Berwyn yn Y Bala lle'r oedd yn athrawes.

Trwyddi hi y cyflwynwyd byd y ddrama i nifer ohonom ac yn sgil ei brwdfrydedd hi y penderfynodd nifer o ddisgyblion ddilyn cwrs coleg ac yna gyrfa yn y maes.

Graddiodd Buddug James Jones yn y Gymraeg yng Ngholeg y Brifysgol, Aberystwyth, ac yr oedd yn cynhyrchu dramâu'r adeg honno hefyd a'i brwdfrydedd heintus yn ymledu ymysg y myfyrwyr eraill.

Yn 1953 y daeth i'w swydd gyntaf yn Ysgol Ramadeg y Merched yn Y Bala, ac o'r cychwyn cymerodd yr ardal hi at ei chalon a daeth hithau yn un a gysylltid gan bawb â'r ardal.

Meddai Mrs Bethan Edwards o Lanuwchllyn, cyn-athrawes fathemateg yn Ysgol y Berwyn, amdani: "Mae colli Buddug yn golled fawr i sawl ardal drwy Gymru. Tan ei dyddiau olaf roedd hi'n parhau i helpu ym myd y ddrama mewn ysgolion drwy Gymru. Fe roddodd ei bywyd i ddrama ac i ieuenctid Cymru.

"Nid yn unig mae'n golled i rai a fu'n cydweithio â Buddug ond hefyd yn golled i'r holl ddisgyblion a ddysgwyd ganddi ar hyd y blynyddoedd."

**Buddug James:** Brenhines y Ddrama

## Ysbrydoliaeth

Athrawes chwaraeon oedd hi yn Ysgol y Berwyn a'i brwdfrydedd a'i hysbrydoliaeth gymaint yn y maes hwnnw hefyd – yn wir parhaodd gyda'r pwnc nes iddi ymddeol yn 65 oed.

Deuai llwyddiant cyson i dimau Ysgol y Berwyn, yn sirol a chenedlaethol.

Ond am ei chyfraniad i fyd y ddrama y bydd yn cael ei chofio'n bennaf ac yn ystod fy nghyfnod yn Ysgol y Berwyn cefais y fraint o dreulio oriau lawer yn ei chwmni yn trafod perfformiadau, neu'n ystyried a chychwyn paratoi'r perfformiad nesaf.

Yn ystod blynyddoedd Pedwar a Phump bu inni fynd ar deithiau o amgylch gogledd Cymru gyda pherfformiadau gwahanol.

Yn Y Bala bu'n hyfforddi Cwmni Drama Tegid am flynyddoedd lawer gan sicrhau rhediad anhygoel o fuddugoliaethau yng nghystadlaethau dramâu byrion yr Eisteddfod Genedlaethol yn y 1970au.

## Mewn theatr

Yn 1977, pan ofynnwyd iddi gynhyrchu drama hir ar gyfer Eisteddfod Genedlaethol Wrecsam, casglodd gwmni cymysg o oedolion a chyn-ddisgyblion i gyflwyno *Ymweliad yr Hen Foneddiges* yn Theatr Clwyd gyda holl adnoddau theatr broffesiynol.

Meddai cyn-brifathro Ysgol y Berwyn, Dr Iwan Bryn Williams, amdani: "Yr oedd yn frwd dros yr Urdd ac yn mwynhau hyfforddi at gystadlaethau drama, dawnsio gwerin ac adrodd. Roedd hi'n gystadleuydd i'r bôn. Wrth ei bodd yn mynd â thimau a chwmnïau o gwmpas y wlad a'r rheini yn llwyddiannus iawn."

"Doedd hi ddim yn hoffi colli ond hyd yn oed pe byddai tîm hoci wedi cael cweir fawr byddai yn gweld llygedyn o oleuni," meddai.

"Yr oedd y 1970au yn flynyddoedd llwyddiannus iawn iddi hi gyda chwmnïau'r ysgol yng nghystadlaethau dramâu byrion yr Urdd ac nid oedd yn anghyffredin i dîm athletau'r merched ddod yn ôl o fabolgampau'r Sir efo mwyafrif mawr o'r tlysau," ychwanegodd.

### Ymroi yn llwyr

"Byddaf yn meddwl amdani fel un a ymrôdd yn llwyr i hybu gweithgarwch chwaraeon a drama ymhlith plant yr Ysgol."

"Yr oedd ganddi lygaid yr artist i gynhyrchu drama eithriadol o lwyddiannus. Uwch popeth yr oedd yn ysgogydd plant ac fe enynnodd barch mawr ymysg rhieni Penllyn ac Edeyrnion am ei gwaith," meddai.

**Buddug James:** Brenhines y Ddrama

FEL EI THRAFAEL A'I THREFEN
HARDD EI LLIW AR RUDDIAU LLÊN V.J.

**Buddug James:** Brenhines y Ddrama

# Cyflwyniad

**gan Andrea Parry**

Ond pwy oedd y cymeriad B.J. a oedd yn llechu y tu ôl i'r ffurfioldeb yma?

### Pwy oedd hi?

Cardi, Cymraes, Cristion, Cyfaill, Cymeriad (a hanner!).

### Sut un oedd hi?

Cecrus, Cwerylgar, Cawdel, Cur pen, Cystadleuol, ond Cês, Creadigol, Caredig, Cymwynasgar.

### Beth oedd yn bwysig iddi?

Cwmni (yn bobol, dramâu ac anifeiliaid!), Capel, Cymdeithas, Cyfeillgarwch, Cystadleuaeth, Cathod (ac unrhyw greadur anifeilaidd arall!).

### Beth oedd ddim yn bwysig iddi?

Confensiwn, Cydymffurfio, Ceir, Cymhennu, Cadw (boed hynny yn golygu cadw ar ei hôl, cadw amser neu gadw trefn!).

### Beth a adawodd hi inni?

Colli (heb os collwyd rhywun arbennig iawn) ond cael (trysor o atgofion, ysbrydoliaeth a gweledigaeth), Cenhedlaeth (sylfaen i'r dyfodol), Cariad a Chalon (tuag at y ddrama).

**Buddug James:** Brenhines y Ddrama

# Cyfnod y Dole ...

## Yr Ysgol Sul yn Ynys-las

**Y rhes ôl o'r chwith**: B.J., Delor Harvey, Carolina Dafis, Trefor Owen. **Yr ail res**: Janet Roberts, Andrew Drakeley, Lleucu Haf, Rhys Hedd, Gwenith a Gwen ap Robert, Joe Mitchell. Ainhoa Dafis, Gareth Owen, Stewart Gethin, Cêt Haf, Thomas Drakeley, Iwan Williams, Meinir Williams, Megan Dafis, Ceris a Siân Harvey, Mared Emyr, Elin Haf, Charlotte Drakeley.

**Buddug James:** Brenhines y Ddrama

# Teyrnged y Parchedig R. W. Jones
# i Buddug James Jones
**(14 Ionawr, 2006)**

Ganwyd Buddug 75 o flynyddoedd yn ôl ar Fawrth 18, 1931. John James o deulu Tŷ'n 'Reithin, Llanilar, oedd ei thad, ac Elizabeth Ann o Aberffrwd oedd ei mam. Symudodd y ddau i Fryngwyn Canol yn 1928. Ganwyd Buddug a'i brawd Hywel rai blynyddoedd wedyn.

Cafodd Buddug blentyndod hapus, mynd i'r ysgol yn Rhydypennau, yna i Ardwyn ac yna i'r coleg yn Aberystwyth i ddilyn Cwrs Cymraeg. Gwrthododd athrawes Saesneg ddweud Buddug a bu'n rhaid iddi ddioddef y sarhad o gael ei galw'n 'Budding'.

Yn 1953 symudodd i'r Bala i ddysgu ymarfer corff, ac yn ddiweddarach drama. Ac yno y bu nes ymddeol yn 1994. Yn Y Bala y dois innau ar ei thraws yn niwedd y 60au.

Yn ystod y cyfnod yma fe briododd John Griffith Jones, ac wedi ymddeol, bu i'r ddau symud yn ôl i Fryngwyn Canol at Hywel ei brawd. Roedd ei mam wedi marw ym mis Hydref 1984, a thri mis wedyn, bu farw'i thad.

Roedd hi i fod wedi ymddeol, ond yr oedd ynddi ormod o egni a brwdfrydedd a gofal am bobol ifanc a phlant i 'ymddeol'. Bu wrthi'n teithio i'r Bala, Machynlleth, Tywyn ac Aberystwyth yn dysgu drama i lefel TGAU a lefel A. Dyma gyfnod sefydlu cwmni drama 'Licyris Olsorts' a chwmni drama pobol ifanc. Byddai'n cynnal dosbarthiadau gyda'r nos ac roedd hefyd yn arolygwr yr Ysgol Sul yma yn y Garn.

Yn Eisteddfod Genedlaethol Meirion yn 1997 fe gafodd ei hanrhydeddu ac fe gafwyd Rhaglen Deyrnged iddi ar sail ei chyfraniad enfawr i fyd y ddrama a pherfformio.

**Buddug James:** Brenhines y Ddrama

Ond fe ddaeth storm i'w rhan. Yn sydyn ym Mai 2002 bu farw John, a chwe wythnos wedyn, eto'n gwbl ddisymwth, bu farw'i brawd, Hywel. Fe effeithiodd y colledion a'r brofedigaeth hon yn ddyfnach ar Buddug nag yr oedd yn barod i'w ddangos. Ond 'chwerwodd hi ddim; yn wir, yn ystod y cyfnod yma fe barhaodd yn brysur gan fod arholiadau ar y gorwel, a doedd hi ddim am siomi'r bobol ifanc.

Wedi'r ddwy brofedigaeth roedd hi fel pe wedi dyblu ei gweithgarwch. Efallai fod dau reswm am hyn: yn gyntaf, fel hyn roedd hi'n 'côpio'; ac yn ail, 'wyddai hi ddim nawr faint o amser a oedd ganddi ar ôl i gyflawni'r cwbl yr oedd arni eisiau ei wneud.

Enaid rhydd oedd Buddug ac nid oedd yn hoffi cyfyngiadau o unrhyw fath. A'r ddau beth a oedd yn cyfyngu arni oedd: 1) Amser; a 2) Trefn o unrhyw fath.

### Amser

'Fyddai neb yn disgwyl i Buddug gyrraedd pwyllgor neu ymarferiadau yn brydlon. Dod â'i gwynt yn ei dwrn, rhyw hanner awr ar ôl pawb arall, y byddai – ar wahân i'r Ysgol Sul. Os dywedai Buddug ei bod am alw bore Llun, os na fyddai acw cyn 9 o'r gloch y bore, yna gwyddwn mai tua diwedd yr wythnos y gwelwn hi – cyn 9 y bore neu wedi 10.30 yr hwyr – byth yn waglaw: "sbecldîs bach (sef yr ieir) yn rhoi'r rhain (sef wyau) i chi", ac yn llawn ymddiheuriadau.

Fe allai hyn fod yn anodd ar adegau 'ac yn dipyn o boendod i'r rhai sy'n credu mewn trefn'. Sawl gwaith y cyrhaeddodd sgript gwasanaeth bore Sul ryw dro ar ôl 11 o'r gloch nos Sadwrn? Cyrraedd y capel ar fore Sul, a hithau'n sgwennu, 'Dw i ddim wedi gorffen y sgript eto!' Yr hyn a oedd yn anhygoel oedd fod y gwasanaethau mor wreiddiol ac mor ysbrydoledig.

'Fedrai Buddug ddim derbyn ei bod yn heneiddio yn ôl trefn amser. Roedd popeth ynglŷn â hi yn wadiad o'i hoed.

## Trefn

Roedd unrhyw beth a oedd yn sawru o 'drefn' yn 'boring' i Buddug. Roedd hi'n anghonfensiynol ei gwisg, a hefyd yn ei char – yn ei liw a'i gynnwys. Roedd yr anhrefn fwyaf yn y car. Byddai'n cwyno am golli sgriptiau, ond wedyn yn baglu ar draws bag du yn y tŷ yn Y Bala, a hwnnw'n llawn sgriptiau.

Roedd llenwi ffurflenni o unrhyw fath neu roi trefn ar ddogfennau yn 'boring'. Symbol o'r awdurdod yma oedd yr heddlu, ac roedd wedi cael ei stopio ganddyn nhw ar y ffordd lawer gwaith. Fe gâi rhywun yr argraff weithiau ei bod yn mwynhau gwrthdaro ag awdurdod, a chicio yn erbyn y drefn.

Ond roedd yn arbennig o hael wrth natur. Sawl gwaith yr aeth hi â phobol ifanc i McDonalds am bryd neu blant yr Ysgol Sul i Ynys-las i chwarae 'rounders', a mynd am bryd o 'tsips' wedyn i'r Vic?

Fe fydd y golled yn fawr ar ei hôl:

I Gymru ym myd y ddrama;

I bobol ifanc ardal eang heb ei harweiniad a'i chyngor;

I'r Eglwys yma, ac i blant yr Eglwys, heb ei chyfraniad;

I'w ffrindiau a fydd yn colli'r egni byw a'r sgwrsio diddorol.

**Buddug James**: Brenhines y Ddrama

A dyna ddrama B.J. wedi dod i ben. Diolch mai felly y digwyddodd. Llaw garedig a wnaeth dynnu'r llen. Nid i Buddug wely claf mewn ysbyty, na chornel mewn cadair. Rhoi aderyn gwyllt mewn caets bwji fyddai hynny.

Yn nrama bywyd Buddug yr oedd yna Gyfarwyddwr. Cwyno rydyn ni fod drama bywyd yn rhemp i gyd – ond dydyn ni ddim yn cydnabod yr un cyfarwyddwr sydd am ein dysgu sut i actio. Gwneud yn ôl ein mympwy a'n hunanoldeb ein hunain yr ydyn ni, ac wedyn yn synnu at y gwrthdaro a'r llanast.

Bob Sul, roedd Buddug yn cydnabod y Cyfarwyddwr. Nid ei bod hi'n berffaith. 'Boring' fyddai Buddug yn ei ddweud am beth felly.

Ond er bod y llenni wedi dod i lawr i ni, fe gludir yr actorion yn rhydd y tu hwnt i'r llen.

**Buddug James:** Brenhines y Ddrama

Buddug James: Brenhines y Ddrama

**Detholiad o 'Gair o'r Garn', cylchlythyr Capel y Garn a'r ofalaeth, Gwanwyn 2006**

# Yr Ysgol Sul

Colled fawr iawn i'r Ysgol Sul, ac yn wir i'r Eglwys a'r fro yn gyffredinol, oedd colli Buddug (B.J.) mor ddisymwth ddechrau'r flwyddyn. Bu ei hymrwymiad i blant a phobol ifanc yr Eglwys yn ystod y blynyddoedd diwethaf hyn yn ddiarbed. Byddai yma gyda hwy bob Sul yn ddi-ffael.

Aeth â hwy ar deithiau cyn belled â Llundain, i wersylla yn Y Bala, ac i chwarae rownderi ar draeth y Borth. Fe gawson nhw hefyd gyfle i gymryd rhan yn y gwasanaethau ysbrydoledig a luniwyd ganddi.

Yn yr un rhifyn, cafwyd sgwrs gyda'r Gweinidog, y Parchedig R. W. Jones wrth iddo ymddeol.

### Sgwrs gyda'r Parchedig R. W. Jones ar drothwy ei ymddeoliad

'Beth sydd wedi rhoi'r boddhad mwyaf i chi yn ystod eich gweinidogaeth?

R. W. J.: Cael cyfle i weithio gyda phlant a phobol ifanc. Rhai o'r uchafbwyntiau cofiadwy i mi yw ambell wasanaeth lle'r oedd plant a phobol ifanc yn cymryd rhan. Hefyd, gweld pobol yn gallu goresgyn amgylchiadau anodd ofnadwy a dal i gydio yn eu ffydd ...'

Gellir dadlau mai dyma'n union a wnâi Buddug.

**Buddug James:** Brenhines y Ddrama

**Yn y cefn**: Cemlyn Davies, Ceri Williams.

**Y rhes flaen**: Gethin Hughes, Leah Roberts, Felicity Haf, Seiriol Hughes, Glanant Davies.

**Buddug James**: Brenhines y Ddrama

# Edrych yn ôl gan Gaenor Hall

medHi oedd fy ffrind cyntaf. Pan ddes i yn dair oed i'r Felin Gyffin, a Buddug a'i theulu ym Mryngwyn Canol gerllaw, dim ond 'y llwybr bach' a'n gwahanai ni, neu i fod yn gywir, a'n cysylltai ni, gan mai hawdd fyddai iddi hi redeg i lawr i'r Felin ar y Sadwrn, neu i minnau gerdded yno i chwarae am y pnawn. Chwarae yn y golau gwair efo'r cathod a'r cŵn; chofia i ddim am ddoliau ym Mryngwyn Canol, ond roedd *Llyfr Mawr y Plant* gyda hi, a 'ches i 'rioed mo hwnnw – atyniad rhyfeddol oedd 'Siôn Blewyn Coch'.

Daeth amser i mi fynd i'r ysgol yn bump oed. Pan ges i fynd am ddiwrnod cyfan, Buddug oedd yn edrych ar fy ôl, a'r amser chwarae cyntaf hwnnw, cofiaf i mi estyn am fy nghes bach yn y lobi i fwyta darn blasus o gacen, ond 'Na' – dyma Buddug yn gafael yn ddeddfol yn fy narn cacen a'i roi yn ôl yn y ces, "B'achdan sy' fod gynta'," medde hi, ac felly y bu'r drefn yn ystod fy mlynyddoedd cyntaf! Roedd hi'n hŷn, ac yn gwybod yn well.

Addysg oedd cerdded adref o'r ysgol ar hyd lôn Dole heb y tai newydd 'na. Enwau'r coed a'r blodau gwylltion oedd y sgwrs, ac osgoi'r hen 'fechgyn mawr' a'u hystryw yn amddifadu adar bach o'u nythod. Creulondeb a dioddef ond hefyd haul ar fyd a mwynhad. Pan ofynnodd rhyw Saeson i ni rywdro beth oeddem yn ei wneud yn y cloddiau "Oh," meddai Buddug "we are eating the sievings". 'Chlywais i erioed mo'r gair yma wedyn, ond dyna a ddywedai hi am y mefus gwylltion. Rhywbeth i'w wneud â syfi efallai? A oedd 'na ryw adlais o Shakespeare? Cwato brwsh cans y dyn fyddai'n cymhennu ochrau'r ffordd nes bod y cyfan fel ein gerddi ninnau bob gwanwyn ar ôl y *spring clean*! A dyfalu at ble y byddai wedi cyrraedd erbyn i ni ddod adref o'r ysgol.

**Buddug James:** Brenhines y Ddrama

Oes bellennig, hudolus, mor wahanol i heddiw. Y cyntaf i fynd yn y bore i adael y garreg ar y stand laeth ar ben y lôn, er mwyn i'r llall wybod ei bod wedi mynd. Fi fyddai'n gwneud hynny fel arfer gan mai arferiad teulu Bryngwyn Canol oedd bod rhyw bum munud ar ôl bob amser!

Daeth dyddiau Ysgol Ardwyn. Dol oedd enw poni fach Buddug, a byddai yn ei marchogaeth o gwmpas y caeau ar y Sadwrn a'r gwyliau. Penderfynodd ofyn i'r Prifathro a gâi hi ddod ar gefn ceffyl i'r ysgol. "Wel," meddai yntau yn bwyllog a doeth, "where will you stable the horse during the day?" "In the Sports Pavilion," atebodd hithau; ond 'welodd Dol mo Ysgol Ardwyn!

Aeth criw ohonom i wersylla yn Llangrannog, ac aros yn Y Twmpath Eithin neu'r Bwthyn Bach To Ffelt. Llawer o chwerthin a cholli dillad o ffenestr y gwely uchaf. Tuniau cacen yn ymddangos ganol nos weithiau, a rhannu eu cynnwys â'r darpar-aelodau seneddol! Hynny'n rhoi ymarfer iddynt greu araith ac efallai berorasiwn ar y pryd. 'Expediency' oedd y gair mawr ar gyfer gweithredu. Pam Saesneg? Wel, dyna oedd iaith aelodau seneddol yntê?

Nid gwamalrwydd oedd holl gyfnod ein hieuenctid ni. Cawsom ein trwytho yn y 'Pethe' gan Ysgol Sul a chapel, yn ogystal ag Eisteddfodau bro, cymdeithasau a dosbarthiadau. Bu hyn yn ffordd o fyw i Buddug tan y diwedd un. Doedd dim syndod i mi gael ffôn oddi wrthi yn hwyr y nos yn gofyn i mi am 'sbot' mewn rhyw wasanaeth neu'i gilydd yn y capel trannoeth. Rhaid fyddai holi ymhellach ynglŷn â natur a hyd y 'sbot' yma. Mae gen i fraslun o wasanaeth a drefnwyd ganddi y 'Dolig diwethaf – ar gefn darn o bapur blêr a welodd sawl milltir yn y car o'r fan yma i'r Bala ac yn ôl. Roedd hi'n llawn syniadau, a'r rheini rywsut yn gori tan y funud olaf pan ddeuai'r cyfanwaith i ben.

**Buddug James:** Brenhines y Ddrama

O Ie! 'Fyddai ddim yn baglu dros hanner dwsin o wyau 'y sbecldîs bach' wrth agor y drws yn y bore mwyach; bydd yn rhaid eu prynu fel pawb arall. Waeth i mi beidio â mynd i fyny am dro tua Bryngwyn Canol y gwanwyn yma – 'fydd 'na ddim sioe o flodau dros y ffenestri a'r welydd i'm croesawu, na bwrlwm y ffald yn llawn ieir a chathod.

Rhyw agwedd od oedd gan Buddug at salwch. Fel pe na bai'n bod. Ni chofiaf hi'n colli diwrnod o ysgol o'i herwydd, er i bawb arall ohonom ddal pob haint ac annwyd, brech a thwymyn a gerddai'r fro. Clywais gyfeirio ati fel 'carrier'. Yr her yna fu ei hagwedd at ei salwch olaf.

Roedd ganddi galon garedig. Mynnodd fynd â dwy o'm merched efo criw o'r Bala i aros rywle wrth droed yr Wyddfa. Rhyw wyliau go ryff, ys dwedodd hi – coginio cyntefig ac yn y blaen. Wedi dod 'nôl, gofynnais i un ohonynt: "Fuoch chi i fyny'r Wyddfa o gwbl?" "O, do," oedd yr ateb, "mi redon ni i fyny ryw fore cyn brecwast." Synhwyrais mai gwell oedd i'r fam orofalus dewi, a diolch fod pawb wedi cyrraedd adref yn ddiogel!

Fe âi Buddug yn aml i dreulio gwyliau yn Nôl-fawr, Cwm Rheidol, sef cartref ei mam a'i thylwyth. Roedd sawl modryb ganddi, ac roedd yn hoff iawn o sôn am y rhain ac yn meddwl y byd ohonynt. Bu'r olaf ohonynt yn gefn iddi hyd y diwedd, y ddwy fel ei gilydd yn gryf yn eu perthynas.

Chwith meddwl fod cymaint o unigrwydd wedi dod ar ei thraws ar derfyn ei hoes. Does ryfedd fod y ddrama wedi mynd â'i bryd, gan fod teimladau o bob math yn rhan o'i chyfansoddiad. Cofiaf inni gael sgwrs ynglŷn â Jiwdas rywdro – yr Isgariot – wrth drafod rhyw ddrama. Hithau'n cydymdeimlo ag ef ac yn gofyn 'pam', ond 'ddaeth dim ateb. Does dim ateb i deimladau, oes e? Heblaw eu cwato.

Buddug a Dol y Gaseg

1944, ar stepiau'r
'Bwthyn To Ffelt',
Llangrannog,
Buddug ar y chwith

Dosbarth Ysgol Sul Bethlehem, Llandre, gyda
Dr Gwenan Jones (athrawes o'r Bala),
Buddug yn ail o'r chwith

**Buddug James:** Brenhines y Ddrama

Buddug yn astudio
ar gyfer arholiad 'Higher',
1948

# Teyrnged yr Arglwydd Elystan ar ddydd angladd Buddug James Jones

**(14 Ionawr, 2006)**

Mae'n fraint uchel i mi i gael dweud ychydig eiriau ar sail fy adnabyddiaeth o Fuddug dros yn agos i ddeng mlynedd a thrigain.

Yr oedd yn un o'r cymeriadau mwyaf gwreiddiol a mwyaf anghyffredin a welodd ein cymdeithas. Yr oedd hefyd yn ymgorfforiad o addfwynder, o haelioni ac o hiwmor.

Ni chafodd blant ei hunan ond yr oedd plant a phobol ieuanc ardaloedd ledled Cymru yn cael eu trin fel unedau o'i theulu.

Yr oedd iddi'r awydd – nage – yr obsesiwn ysol i'w hyfforddi i berfformiadau cyhoeddus, a dyna'n union a wnaeth dros gyfnod o hanner canrif a mwy. Nid yw'n ormodiaith i ddweud bod cyfanswm ei chyfraniad yn anfesuradwy ac yn amhrisiadwy.

Beth oedd ei chymhelliad? Yn sicr, nid elw, na chlod, na statws na dyrchafiad. Yr hyn a roddodd ynni i'w hymdrechion oedd serch diffuant tuag at ieuenctid a thrwyddynt hwy serch yn yr Iesu, ac yng ngorau ei gwlad a'i chenedl.

Dros flynyddoedd lawer fe elwodd yr Eglwys hon o'i thalentau eang ac o'i hegnïon diwyd – a hynny yn arbennig ar ôl iddi, mewn enw yn unig, ymddeol i Fryngwyn Canol.

O'i hamrywiol ddiddordebau, mae'n debyg mai'r agosaf at ei chalon oedd Ysgol Sul y Garn. Bu'n arolygydd amryw droeon. Nid oedd cyfnod Buddug yn cydredeg â dyddiau mwyaf toreithiog yr Ysgol Sul. Yn nyddiau Buddug, yr oedd yr Ysgol Sul yn wynebu cystadleuaeth amhosib o gyfeiriadau amrywiol atyniadau seciwlar. Wynebodd y rhwystredigaethau hyn yn eofn a digymrodedd.

**Buddug James:** Brenhines y Ddrama

Yr oedd maes ei hymdrechion yn cynnwys ystod eang o weithgareddau'r ardal hon ac ardaloedd eraill yng Nghymru, o ddramâu i eisteddfodau, o bartïon cydadrodd i wasanaethau crefyddol. Yr oedd beunydd yn creu, yn hyfforddi, ac yn ysgogi.

Meddai ar ddawn arbennig iawn ym myd y ddrama a gydnabyddid yn gyffredinol – o'r perfformiad pentrefol symlaf i uchel lwyfan y Genedlaethol. Yr oedd yn feistres ar ei chrefft.

Fe ysgrifennodd gannoedd o sgriptiau – y cyfan oll yn tystio i'w doniau creadigol cynhenid ac i ddisgleirdeb ei hysgolheictod a'i diwylliant. Ond ymhlith ei holl ddoniau, y mwyaf mi gredaf oedd ei dawn i danio dychymyg a brwdfrydedd plentyn.

Ugeiniau o weithiau yn yr Eglwys hon fe welais i'r golau gwefreiddiol yn wynebau'r plant o dan ei hyfforddiant.

Er mai plant a phobol ieuanc oedd calon a chnewyllyn ei diddordeb, fe roddodd wasanaeth clodwiw yn ei phriod feysydd i'r rhai hŷn hefyd. Un o'i swyddogaethau blynyddol oedd rhedeg y stondin cynnyrch gardd a fferm yn y ffair flynyddol.

Hyd ei hwythnosau olaf yr oedd ei pharodrwydd i wasanaethu yn ddi-ball ac yn ddiarbed.

Yng ngeiriau'r adnod: 'A allodd hon, hi a'i gwnaeth'.

Yr oedd i Fuddug ddoniau'r bardd hefyd, bardd a welodd drasiedïau erchyll a dirybudd a hynny heb chwerwi na gwrthgilio. Ymgodymodd ag amryfal ofidiau – ond eto fe welai leufer gobaith y tu hwnt i'r cwmwl tywyllaf.

Mi fedrai dyn siarad cyfrolau am yr elfennau hynny a oedd yn gwneud Buddug yn wahanol i bawb arall.

Mewn byd lle mae'r mwyafrif llethol ohonom yn fodelau o gyffredinedd a chywirdeb ffurfiol, safai Buddug ar wahân i bawb arall fel eithriad hudol a beiddgar. Dyma'i gwir gyfaredd.

Roedd ei hosgo a'i hagwedd yn fythol ifanc mewn corff ac ysbryd, weithiau yn haerllug felly. Dri mis yn ôl, ar ddydd heulog o Hydref, yr oeddwn ar fuarth Bryngwyn Canol gyda'm hwyrion bach a geisiai wneud olwynion cert ar y concrit. "Dim fel'na ma' gwneud. Mae'n rhaid i chi gadw'ch coesau'n syth – fel hyn," meddai Buddug. Ar hyn trodd rhyw dair neu bedair 'cartwheel' perffaith. Yr oedd ar y pryd yn 75 oed! Buasai cwarter yr ymarfer hwn wedi malu ais llawer ohonom.

O bryd i'w gilydd, fe ddôi'r haerllugrwydd cyffredinol cynhenid hwn â hi i wrthdrawiad â chyfundrefnau awdurdodol. Nid anarchwraig mohoni ond fedrai hi ddim dioddef unrhyw strwythur o reolau a negyddiaeth a oedd yn ei llesteirio rhag gwneud daioni.

Bydd ffordd y Dolau yn llawer tawelach, a dim mwy o gellwair am y Fuddug wreiddiol – Boudica, brenhines yr Iceni a'i cherbyd rhyfel taranllyd.

Bydd yr Eglwys hon, a'r fro hon, a llawer cymdogaeth arall yng Nghymru, yn dlotach ac yn wacach o golli'r ferch unigryw hon.

Gallwn ddweud yng ngeiriau Gwenallt:

Y mae archoll o golli
Bywyd na ŵyr ein byd ni.

**Buddug James:** Brenhines y Ddrama

**Dyma delyneg a ysgrifennodd Buddug i'r *Tincer*:**

# Yfory

Doedd dim goleuni,
Dim ond mwrllwch trwm yr hiraeth:
Paid â sôn am yfory.

Troi a throsi o dan y garthen;
Unigrwydd y tywyllwch yn hongian,
Yn ceisio cau allan y llygedyn
O olau gan y wawr oer.
Fydd hi'n well yfory.

Yfory ac yfory, chwilio amdano
Rhwng y llwythi o gymylau llwyd
A oedd yn arllwys y dagrau o anobaith!
Ac oes! Oes! Mae sgwâr bach
O lesni rhwng y cymylau.
A fydd hi'n well yfory?

Cynhesrwydd, cyffyrddiad yn lapio,
Gwên yn goleuo'r tywyllwch,
Caredigrwydd, geiriau mewn llythyr,
A sgwrs.

A dyma'r cilcyn bach o lesni yn tyfu
A thyfu, yn heulwen haf.
Mae yfory wedi dod.

**(O'r *Tincer*, Tachwedd 2003)**

**Buddug James:** Brenhines y Ddrama

Emlyn Davies, B.J., Trystan Davies.

**Buddug James:** Brenhines y Ddrama

# W. J. Edwards
### (o'r *Cyfnod*, 27 Ionawr, 2006)

Buddug James Bryngwyn Canol oedd hi i ni, ei chyd-ddisgyblion yn Ysgol Ramadeg Ardwyn (Penweddig heddiw), Aberystwyth, drigain mlynedd yn ôl ymron. Buddug James Jones wedi iddi briodi John Griffith, a B.J. i laweroedd drwy Gymru. A phrynhawn Sadwrn, 14 Ionawr, fe ddaeth pobol o bob cwr o Gymru i Gapel y Garn, Bow Street, i gynhebrwng Buddug ac i ddiolch am ei bywyd a'i llafur rhyfeddol.

Anaml y caed cymaint o wenu a chwerthin mewn angladd ag a gaed wrth ddathlu bywyd cymeriad lliwgar, unigryw y cafodd cenedlaethau o blant a phobol ifanc Ysgol y Berwyn (Ysgol y Merched cyn hynny) o'i gorau fel athrawes ymarfer corff ac yn arbennig fel un a roddodd gyfle iddynt berfformio ar lwyfan.

Drwy Hywel ei brawd, a oedd yn yr un dosbarth â mi, y deuthum i nabod Buddug pan euthum i Ardwyn, hithau yn y chweched dosbarth ac ar fynd i'r coleg yn y dre, lle cafodd ei chyfle cyntaf i gynhyrchu drama, yn ogystal ag ennill ei gradd a'i hyfforddi i fod yn athrawes. Cyrhaeddodd y Bala yn 1953, a bu yno hyd nes iddi ymddeol yn 1994, a hynny'n golygu ei bod wrthi'n gweithio mor galed â chynt, a mynd i ysgolion i hyrwyddo'r ddrama ac i hyfforddi.

Roedd Y Bala'n lle dieithr i mi pan euthum yno i'r coleg ym Medi 1958, ond buan yr ymsefydlais, a hynny drwy gymorth Buddug a Menna Jones, a oedd yn lletya yn Glenholm, Heol Ffrydan. Roedd y ddwy fel dwy chwaer ac fel dwy chwaer fawr i minnau, a'r fflat yn fythol agored imi fynd a dod fel y mynnwn. Buddug oedd y cyntaf i gydnabod na fyddai wedi gallu cyflawni cymaint oni bai am gymorth a chefnogaeth Menna, yr un hawddgar o Bandy Tudur a gollwyd yn Hydref 1979 yn 57 oed.

**Buddug James:** Brenhines y Ddrama

Addysg Gorfforol oedd cyfrifoldeb pennaf Buddug yn yr ysgol, ac anaml y deuai yn ail mewn gornestau pêl-rwyd ac athletau sirol. Cystadleuydd fu hi erioed, a symbylydd cystadleuwyr, yn ôl ei phrifathro, Iwan Bryn Williams, 'un a oedd wrth ei bodd yn mynd â thîm neu gwmni i ornestau o bob math ... Ni chafodd ei doniau ym myd y ddrama gyfle i ddatblygu yn Ysgol y Merched, ac o'r herwydd gweithiodd gyda chwmnïau drama Aelwyd Y Bala a Gŵyl Ddrama Capel Tegid'.

Mae llawer ohonom yn cofio am y cyfnod byrlymus yma ac am lwyddiannau cwmnïau Buddug yn yr ysgol a'r capel. Fe gofiwn hefyd am basiantau'r Nadolig a'r Pasg yng nghyfnod fy nghyfaill a'm cydweithiwr Huw Jones. Byddai Buddug yn dweud pethau rhyfedd wrth Huw, fel wrth bawb ohonom ar dro!

Mae'n werth codi darn eto o'r hyn a sgrifennodd Iwan B. Williams yn nhaflen Rhaglen Deyrnged Buddug ym Mhrifwyl Y Bala, 1997: 'Fel artist yn parhau bob amser i newid ei gynfas yn ei ymchwil am berffeithrwydd, neu'r bardd yn cael ei arwain gan yr awen i fannau nas dychmygodd amdanynt cynt, datblygai dramâu Buddug drwy gyfnod yr ymarferion. Gwylltiai pobol y set, y goleuadau a'r gwisgoedd am nad oedd digon o fanylion mewn digon o bryd, ac roedd yn ddigon anodd arnynt yn aml, ond proses greadigol oedd y cynhyrchiad i Buddug ac nid rysáit i'w chyflawni. Felly y cyrhaeddodd ei chwmnïau i dir mor uchel, mor aml.' O gofio'r cyfan, yna mae englyn Iwan i Buddug yn un cwbl berthnasol:

Ar lwyfan dy wasanaeth – dan fynych
    Lewych cystadleuaeth,
   Rhannem oll, actorion maeth,
   Heulwen dy fuddugoliaeth.

Trefnydd y sgript a chyfarwyddwr y rhaglen deyrnged ym Mhrifwyl Y Bala oedd Carys Edwards, un o blith cannoedd o blant Buddug sy'n parhau gwaith yr athrawes mewn llawer ardal yng Nghymru. Ar gefn y rhaglen croniclodd

Carys sylwadau difyr, a dyma ambell frawddeg: 'Ymarfer cynta'r ddrama, gofyn, "Pryd mae'r gystadleuaeth, Buddug?" Ateb: "Wel, mewn pythefnos – dewch, bois, mae gynnoch chi waith dysgu!" Buddug yn pregethu am ddod i ymarferiadau ar amser. Pwy oedd yr ola' i gyrraedd? I. B. Williams yn dweud bod pwysau gwaith yn drech nag o. Buddug yn dweud: "Diolchwch wir nad ydych yn cynhyrchu drama".'

Yr un oedd ei chyfraniad wedi dychwelyd i'w chynefin i helpu Hywel ym Mryngwyn Canol, a hithau'n cychwyn cynhyrchu cwmnïau Licyris Olsorts, a'r rheini'n dod i'r brig mewn gwyliau a phrifwyl. Bwrw iddi gyda phlant ac ieuenctid Capel y Garn a'r ardal, ac yn fam i bawb yn yr Ysgol Sul, er nad oedd yr athrawon na'r gweinidog yn deall beth nesaf a wnâi Buddug!

Roedd yn briodol mai yn y Garn yr oedd y cynhebrwng a hithau, fel ei rhieni, wedi bod yn selog a gweithgar yno o'i dyddiau cynnar hyd ddiwedd ei phererindod. Byddai'n mynd i Ysgol Sul y gangen ym Methlehem, Llanfihangel Genau'r Glyn, yn ei dyddiau cynnar, ac yn mawrhau'r fraint o gael y wraig nodedig, y Dr Gwenan Jones, un o ferched mwyaf disglair Penllyn, cynnyrch Ysgol Maes y Waun ac Ysgol y Merched, yn athrawes ysbrydoledig. Mae llun y dosbarth yn y llyfr sy'n adrodd hanes y Garn, a Buddug yn eistedd nesaf at Dr Gwenan. Mae Dr Dafydd Huws y seiciatrydd, ei chwiorydd Gwen a Marian, a Gaenor Hall hefyd, yn y llun. Cyflwynwyd teyrngedau teilwng i Buddug yn yr angladd gan ei chyfaill oes Elystan Morgan, ei chydweithiwr yn Ysgol y Berwyn, Huw Dylan, ac R. W. Jones, ei gweinidog, a chefais innau'r cyfle i arwain mewn gweddi a dyfynnu englyn godidog B. T. Hopkins i wraig debyg i Buddug:

Ei llawenydd oedd llenwi – ei heinioes
   Beunydd â daioni;
  Mewn oes erwin, doed inni
  Anniffodd her ei ffydd hi.

Dosbarth Ysgol Sul Dr Gwenan Jones, Ionawr 1949
(B.J. yn eistedd yn ail o'r chwith)

# B.J.
**Gan Gwynant Evans**

Cefais y fraint o adnabod Buddug, ei gŵr John a Hywel ei brawd. Adnabod John ers chwedegau'r y ganrif ddiwethaf, yn nyddiau Glanllyn pan oeddem yn ieuanc ac yn llawn asbri. Hywel a Buddug yn ddiweddarach ar ôl setlo i lawr yn Sir Aberteifi yng nghymdogaeth Bryngwyn Canol.

Cof am John yn anafu ei fraich wrth gario gwair, gadael y cae mewn cryn boen a thymer a oedd yn bell o fod yn gwrtais tuag at ei ffrindiau a'i gydweithwyr. Ar ôl cael y llwyth i'r ydlan, mynd i chwilio am John a'i gael yn edrych fel yr 'hunchback of Notredame'. Roedd wedi rhoi paced mawr o lysiau cymysg wedi rhewi ar ei ysgwydd o dan ei grys. Gofyn iddo oedd o eisiau i mi fynd â fo i lawr i'r adran ddamweiniau yn Aber. Ar ôl galw'r gweddill o'r criw yn bob enw y gallech ddychmygu a oedd yn cyfleu amharchusrwydd, derbyn fy nghynnig a ffwrdd â ni. Ar ôl tuag awr o aros yn y dderbynfa, mynd i chwilio amdano, a'i ddarganfod yn dal i aros ar y gwely a'r paced o lysiau rhewedig wedi byrstio ac arllwys dros y llawr ym mhobman. Yr ymateb oedd: "Gad i ni fynd adre!"

Roedd Hywel, ei brawd, yn un a oedd yn canlyn arwerthiannau fferm. Cael cais un bore i fynd gyda fo i 'nôl bwrdd llif yr oedd wedi ei brynu y dydd Sadwrn blaenorol. Gofyn yn eiddgar: "Ble'r ydyn ni'n mynd?" Yr ateb: "Anela am Llambed." Wedi cyrraedd Cwm Ann gofyn: "Pa ffordd rwan?" Yr ateb: "Straight on!" A ninnau bron â chyrraedd Llandeilo, penderfynu ein bod yn mynd y ffordd anghywir, a bod eisiau troi i'r dde yng Nghwm Ann am ffordd Llanybydder. Coeliwch chi fi, dydi hynna ddim ond hanner y stori.

**Buddug James:** Brenhines y Ddrama

Wel, ymhle i gychwyn? Cofio pan dorrodd ei braich ar ôl colli John a Hywel yn sydyn a disymwth mewn cyfnod byr, ac yn methu gyrru'r car, a hynny yn garchar llethol arni. Gofyn i mi fynd â hi i gyfarfod â rhywun neu'i gilydd a oedd yn mynd â hi i rywle neu'i gilydd. Cyrraedd Bryngwyn Canol ar yr amser penodedig a'i chanfod yn hongian hanner y ffordd allan o ffenest y llofft mewn panic llwyr, wedi ei chloi ei hun yn y llofft ac yn methu dod allan. I mewn i'r tŷ ac i fyny'r grisiau. Cael y drws yn agored a'i helpu i wisgo amdani ac i ffwrdd â ni. Chwerthin a hwyl mawr, a'r sylw: "Dyna i chi ddrama!"

Cofio cystadlu yng Ngŵyl Ddrama Dyffryn Banw. Trefnu i gychwyn o neuadd Rhydypennau am chwech o'r gloch oherwydd mai ni oedd yn perfformio yn gyntaf. B.J. yn hwyr, yn hwyr iawn fel arfer, a phenderfynu mynd hebddi. Cyrraedd a gosod y llwyfan. B.J. yn cyrraedd â'i gwynt yn ei dwrn ac yn flin fel cacwn. Roedd popeth o'i le, rhaid oedd newid y llwyfan a symud popeth yn nes ymlaen. Perfformio, llwytho'r celfi a chael paned. Ymddiheuriadau mawr gan B.J. am ei hymddygiad. Roedd wedi mynd dros ben hwyaden ar ei ffordd allan o'r buarth wrth gychwyn, a doedd ganddi ddim petrol, ond doedd hynna ddim ond cychwyn. Ar y ffordd adre' roedd yn rhaid gyrru mewn confoi un car ar y blaen, hi yn y canol a char arall y tu ôl. Roedd ganddi un teiar slic a dim trwydded ar ei char. Drama arall!

Cael galwad ffôn ryw noson, tuag wyth o'r gloch, o Ysbyty Dolgellau. B.J. wedi mynd trwy'r clawdd i ryw gors yn rhywle rhwng Llanuwchllyn a Rhydymain. Ffwrdd â ni, achos roedd yn benderfynol o ddod adre'r noson honno. Cyrraedd a'i chanfod mewn coban, côt nos a blanced amdani, bron â rhynnu, a'i dillad ei hun mewn bag plastig yn wlyb domen. Ei chael i'r car trwy ffwdan gan nad oedd ganddi esgidiau ac adre i'r fan yma. Paned o gawl cynnes, a'i gorfodi i aros yma y noson honno. Y bore wedyn, tamed o frecwast ac adre i Fryngwyn Canol, ond roedd goriad y tŷ yn y Metro bach. Gorfod mynd i'r tŷ trwy ffenest y llofft er mwyn ei chael i'r tŷ. Hyn eto yn cael ei gofnodi fel drama fawr, a hithau fel y prif gymeriad. Mae rhagluniaeth wedi bod yn garedig iawn wrthym yn gadael i ni gael ei hadnabod. Mae'r tri bellach wedi mynd at eu gwobr. Heddwch i'w llwch.

**Buddug James:** Brenhines y Ddrama

Bet Evans, Gwynant Evans, B.J.

**Buddug James:** Brenhines y Ddrama

Rhan o enwebiad Buddug James Jones ar gyfer Medal Syr T. H. Parry-Williams, Ionawr 2005 …

## GWAITH GWIRFODDOL ARALL

Ychydig dros ddeng mlynedd yn ôl, sefydlodd B.J. gwmni drama Licyris Olsorts sy'n cystadlu'n flynyddol yn yr Eisteddfod Genedlaethol a gwyliau drama ar draws Cymru. Mae o gwmpas ugain o aelodau yn perthyn i'r cwmni (rhai yn cael eu bwydo o gwmni Licyris Olsorts Bach) ac mae B.J. ar hyn o bryd yn cynhyrchu tair drama i gystadlu yn yr Eisteddfod Genedlaethol eleni a'r gwyliau drama. Daeth cryn lwyddiant i'r cwmni tros y blynyddoedd megis Bro Ogwr '98 – ail, Drama Fer; Dinbych 2001 – ail a thrydydd; Maldwyn 2003 – trydydd, ac enillodd B.J. y cynhyrchydd gorau sawl gwaith. Cafwyd amal i wobr gyntaf mewn gŵyl ddrama ar hyd a lled Cymru – megis Corwen, Y Foel, Groeslon, Llanrhaeadr-ym-Mochnant ac yn wir ym Mhantyfedwen, Pontrhydfendigaid – cyntaf a thrydydd yn 2003, cydradd drydydd yn 2002 a chyntaf yn 1999 – ym Môn. Mae'r cwmni wedi cystadlu yng Nghystadleuaeth Drama Cymru ac aeth un o'r dramâu i'r rownd derfynol. Perfformiodd y cwmni sawl tro ar lwyfannau eraill megis Theatr Mwldan.

Un ffactor amlwg yw mai trwy gyfrwng y Gymraeg yn unig y mae Licyris Olsorts yn perfformio, yn wir, mewn sawl gŵyl Licyris Olsorts yw'r unig gwmni sy'n rhoi cynrychiolaeth o ddramâu Cymraeg. Yn hyn o beth mae B.J. yn wych am gynrychioli, hybu a chadw ein gwyliau drama ar hyd a lled Cymru. Mae'n arbenigo mewn dramâu ffârs Ffrengig ac Eidalaidd a bydd yn cyfieithu dramâu a defnyddiau lu o'r Saesneg i'r Gymraeg.

**Buddug James:** Brenhines y Ddrama

B.J., Nia George,
Gweneira Williams,

Janet Roberts, Glyn Jones,
Tegwyn Jones.

**Buddug James:** Brenhines y Ddrama

Un flwyddyn ehangodd Criw Licyris Olsorts eu gorwelion tua'r Ynys Werdd a'r bwriad oedd mynd i gystadleuaeth yn *New Ross*, swydd Wexford. Roedd hi'n edrych yn obeithiol – popeth yn ei le, y fferi wedi'i bwcio o Abergwaun, y set yn y fan a'r cast yn y fan … pump tu ôl a thri tu blaen! Ond dyma gyrraedd y porthladd yn hwyr gan fod pawb, y fan a'i chynnwys, y bobol a'r set, yn symud yn ôl ac ymlaen i bobman! Yna cael ar ddallt nad oedd peryg y câi pawb fynd drosodd efo'r fan. Y fan yn unig a gâi fynd drosodd a phawb arall yn deithwyr ar droed! Costiodd ffortiwn a doedd dim costau ar gael! Llanast llwyr? Roedd mwy i ddod! Cyrraedd y man iawn yn ôl B.J., Wexford … y dref, yn anffodus, ac nid y sir! Deng milltir ar hugain a thaith o awr o'r man perfformio. Roedd y gwir berfformans fel arfer wedi bod cyn cyrraedd!

Dro arall, wrth berfformio *Cymdogion* yn y Bont, roedd angen sain, sef sŵn band yn chwarae, ac yn ôl eu harfer roedd aelodau'r cast wedi gosod y tâp yn y chwaraewr yn y man cywir a doedd dim ar ôl i Buddug ei wneud ond pwyso'r botwm cywir pan glywai'r ciw. Daeth y ciw, "'Dech chi'n clywed y band?" ond doedd dim band. Yna adlibio go iawn :"Dwi'n meddwl bo fi'n clywed y band" a "Mae'r band yn dwad" ond doedd dim sŵn o gwbl. Dal ati i adlibio a'r band yn fud! Ac yna ymhen y rhawg dyma gerddoriaeth o'r cefndir … 'Gay Gordons', alaw werin Albanaidd a dim band o fath yn y byd! Anobeithiol! Roedd B.J. druan yn ôl ei harfer wedi 'intyrffirio' (chwedl Gwynant!), ac er mai'r cwbl roedd angen ei 'neud oedd gwasgu'r botwm roedd B.J. wedi llwyddo i agor y tâp, ei droi rownd, neu ei ailweindio a rhoi gogwydd tipyn gwahanol i'r band a ddeuai o flaen y syrcas yn y ddrama!

**Buddug James:** Brenhines y Ddrama

**Buddug James:** Brenhines y Ddrama

Daeth y newydd trist ac annisgwyl am farwolaeth Buddug James Jones (B.J.), Bryngwyn Canol, Dolau, ddydd Mercher y 4ydd o Ionawr. Cydymdeimlwn â'r teulu yn eu profedigaeth.

Gorchwyl chwithig dros ben yw ceisio llunio gair i goffáu Buddug, a'n gadawodd mor annisgwyl yn ieuenctid y flwyddyn hon. Anodd ofnadwy i bawb a ddaeth i gysylltiad â hi yw derbyn fod y fath ymgorfforiad o weithgarwch, cymwynasgarwch ac asbri wedi llonyddu a mynd yn fud. Fel aelod o'i chwmni drama Licyris Olsorts y deuthum i i'w hadnabod orau, ond ni allwn lai na bod yn ymwybodol o'i chyfraniad gwerthfawr mewn cyfeiriadau eraill – i'w hardal, yr oedd ganddi gariad mawr tuag ati, i'w chapel, i faes y ddrama'n gyffredinol, ac yn enwedig rhan yr ifanc yn y maes hwnnw. Yr oedd ei gwybodaeth am y ddrama a'r theatr yn eang a thrylwyr, fel y gŵyr aelodau o bob cwmni y bu'n ymwneud ag ef, a phlant mewn sawl ysgol a oedd yn dal i elwa ar ei hyfforddiant hyd y misoedd diwethaf hyn.

Cynhyrchydd anghonfensiynol ydoedd. Cymdeithasu oedd y peth mawr iddi bob amser, a rhaid oedd dechrau pob ymarfer â phaned o goffi ac amrywiol ddanteithion y byddai wedi eu dwyn ynghyd. Cynhyrchydd bonheddig ac anawdurdodus hefyd. Cilio'n ôl a gadael i'r cymeriadau a'r symudiadau ddatblygu'n naturiol a chyrraedd eu lefelau eu hunain fyddai ei dull, ond gan gadw llygad barcud ar bopeth yr un pryd. Gair yma ac awgrym acw fyddai hi wedyn, ac i rai ohonom o ychydig ffydd a oedd yn gweld y cyfan yn araf iawn yn dod i fwcwl, ac yn arswydo wrth weld dyddiad y perfformiad yn prysur nesáu, ei chyngor siriol fyddai, 'Pidwch panico, bydd popeth yn iawn!' A rywsut neu'i gilydd, yn amlach na pheidio, dod i fwcwl yn y diwedd a wnâi pethau, a'r Cwmni'n dychwelyd yn fuddugoliaethus o ryw ŵyl ddrama neu'i gilydd unwaith yn rhagor.

**Buddug James:** Brenhines y Ddrama

Fwy nag unwaith ar ôl profiad o'r fath dyfynnais iddi eiriau Polonius am Hamlet, 'Though this be madness, yet there is method in't', a chael winc a rhyw 'Hi, hi' direidus yn ymateb. Yr oedd cystadlu yn ei gwaed, a byddai wrth ei bodd yn ennill, er y byddai'n rhaid ei llusgo, bob tro y câi lwyddiant, o dywyllwch cefn y llwyfan i wynebu'r gynulleidfa ac i dderbyn y siec – siec o bosib a fyddai'n mynd ar goll am ychydig wedyn yn ei char, a oedd yn rhyw fath o swyddfa anhrefnus ar olwynion iddi. Pan oddiweddwyd hi ychydig flynyddoedd yn ôl gan ddwy brofedigaeth enbyd, pan gollodd ei phriod a'i brawd yn ddisymwth ac o fewn wythnosau i'w gilydd, ofnodd rhai ohonom y torrai ei hysbryd ac y byddai'n rhoi'r gorau i'w gweithgarwch egnïol a diflino. Ond nid un felly oedd hi, fel y dylem fod yn gwybod yn dda. Yr oedd ei hymateb yn gwbl nodweddiadol. Ymwrolodd ar unwaith gan weithredu un o hen reolau anysgrifenedig byd y theatr – rhaid i'r sioe fynd yn ei blaen. Faint gostiodd yr ymwroli hwnnw iddi ni all neb ohonom ddweud – hi yn unig a wyddai – ond lle'r oedd bechgyn a merched ifainc yn disgwyl am ei hysbrydoliaeth, a chwmni drama'n ddibynnol ar ei harweiniad, nid un i gyfri'r gost oedd Buddug. Yng ngeiriau O. T. Evans am wraig arbennig arall o'i adnabyddiaeth ef:

Gwasgarodd hon ei doniau'n rhad,
Mae'r wlad mewn dyled iddi …

Diolched ardal a chenedl iddi am ei chyfraniad anhunanol a phellgyrhaeddol, a boed heddwch i'w llwch yn naear y fro a oedd mor annwyl iddi.

**Alun Pontarfynach**

(*Y ffôn yn canu*)

"Helo, B.J. sydd 'ma." "Pardwn, pwy?" "Buddug Bryngwyn
 Canol, be' wyt ti'n 'neud nos Lun nesa'?"
"Pardwn, nos Lun nesa', pam?"
"Der draw i Neuadd Rhydypenne erbyn wyth o'r gloch am
 baned, a hefyd i ti gael cyfarfod â gweddill y gang."
"Pardwn, pa gang?"
"Criw Licyris Olsorts, cofia erbyn wyth, am baned. Hwyl."

Distawrwydd. A dyna fy nghysylltiad cynta' â B.J. erioed,
ond pwy oedd B.J.?

Dirgelwch mawr. Dim ond un ffordd oedd i ddatrys y
dirgelwch, mynd draw i'r Neuadd nos Lun erbyn wyth.
Daeth nos Lun, a chyn cychwyn ar fy siwrne, y wraig
yn gofyn, "Ble ti'n mynd heno, 'te?" "O, mynd draw i
Rydypenne i gael paned gyda B.J." "I gael paned gyda B.J.!
Pwy yw B.J.?" "Buddug Bryngwyn Canol." "Pwy yw'r
Buddug 'ma te?" "Dim syniad gyda fi. Hwyl."

Dyna beth oedd croeso, paned o de a theisennau, a dyna
gychwyn fy ngyrfa fel aelod o Gwmni Drama Licyris
Olsorts a hefyd datrys y dirgelwch. Pwy oedd B.J.? Dim
ond un gair sydd i ddisgrifio B.J. Unigryw, yn ei ffordd
o ddweud, gwneud a gwisgo, y siwmper wen, y trowser
coch 'half-mast', un hosan binc, y llall yn wyrdd ysgafn,
a'r *plimsols* coch, a'r sgarff porffor blewog am ei gwddw.
Oedd, roedd B.J. yn berson unigryw a lliwgar iawn, yng
ngwir ystyr y gair.

**Buddug James:** Brenhines y Ddrama

Does dim amheuaeth fod B.J. wedi agor drws newydd yn fy mywyd i, fel y gwnaeth i eraill, a diolchaf fy mod wedi mentro trwy'r drws hwnnw. Mae gen i atgofion hyfryd iawn yn nhrysorfa fy nghof, llawer rhy niferus i'w rhestru yma. Ond, yn fyr, fy Eisteddfod Genedlaethol gynta' fel aelod o'r 'gang' ym Mhen-y-bont ar Ogwr, ac roedd y Cwmni i fod i gystadlu yng nghystadleueth y Ddrama yn Theatr y Maes. Dyna beth oedd drama, nid ar y llwyfan, ond wrth fynedfa'r Maes, doedd dim tocyn mynedfa i'w gael gan B.J. ar y car, a hwnnw yn llawn dop o wisgoedd, y ces coluro, y picnic a digon o waith papur i lanw llyfrgell, y cyfan yn un mwdwl yng nghefn y car, y mwdwl mwya' anhrefnus a welais i erioed. Roedd y stiward yn gwrthod gadel i B.J. fynd â'r car i mewn i'r maes, heb docyn arno, a dyna gychwyn brwydr a barodd am bron i chwarter awr. A phwy a enillodd y dydd? Y milwr yn y siwmper wen, y trowser coch a'r 'sane lliwgar. Bu dathlu mawr yn y garafán y noson honno, do yn wir, hyd orie mân y bore.

Cafodd y 'gang' wahoddiad i fynd i berfformio drama Gymraeg mewn Gŵyl Geltaidd yn Iwerddon, a phwy a dderbyniodd y gwahoddiad a gwneud y trefniadau? B.J.

Roedd y gang i fod ar lwyfan Theatr New Ross am hanner awr wedi saith yr hwyr, ond ble'r oedd y gang am saith o'r gloch? Yn Wexford yn chwilio am y theatr. A ble'r oedd y theatr? Yn nhref New Ross, ugain milltir i ffwrdd. Cam-brint yn y trefniadau oedd ateb B.J. i'r cyfan, sôn am hwyl a sbri, bu dathlu mawr yn Iwerddon y noson honno hefyd. Gwell peidio â sôn am y daith i Gaerdydd – yn ôl y dywediad, gadel llonydd i gi sy'n cysgu sydd ore.

Mae'r atgofion yn llifo yn ôl, digon i lenwi llyfr. 'Falle rhyw ddiwrnod y rhoddaf bensil ar bapur, a be' fydd teitl y llyfr? Ie, *Drama B.J.* Does dim amheuaeth fod B.J. yn athrylith ym myd y ddrama, yn gynhyrchydd penigamp, yn gw'bod yn union sut roedd cael y gorau allan o'r sgript a'r cast. Roedd hi hefyd yn feirniadol iawn o ambell feirniad. "Bobol bach, be' 'ma fe'n w'bod ar shwd ma' perfformo drama, dim hanner digon," yn ôl B.J. Doedd hynny ddim yn digwydd yn amal iawn!

Mae rhai yn dal i sôn am yr Hen Ysgol Brofiad. Do, mi fues i yn ddisgybl yn yr ysgol honno, o dan arweiniad B.J. Bob gwers ar lafar, llafar cefn gwlad Sir y Cardi. Diolch i ti, B.J., am gael y cyfle i fod yn un o'th ddisgyblion, mae pob gwers yn drysor bythgofiadwy yn y cof. Diolch am gael y cyfle i gyd-droedio rhan o lwybyr bywyd yn dy gwmni, am y sgwrs dros baned o de ar ôl y practis yn Neuadd Rhydypenne, a rhannu'r teisennau, am y trip yng nghefn y Metro i Ŵyl ddrama Corwen, am y mefus yn Iwerddon, am y tatws a'r carets o gaeau Bryngwyn Canol, am yr holl wybodaeth am fyd y Ddrama, y cyfan oll yn rhad ac am ddim, un fel yna oedd B.J.

**Buddug James:** Brenhines y Ddrama

O'r chwith: Rhian Evans,
Alun Jenkins, B.J., Siôn Pennant.

**Buddug James:** Brenhines y Ddrama

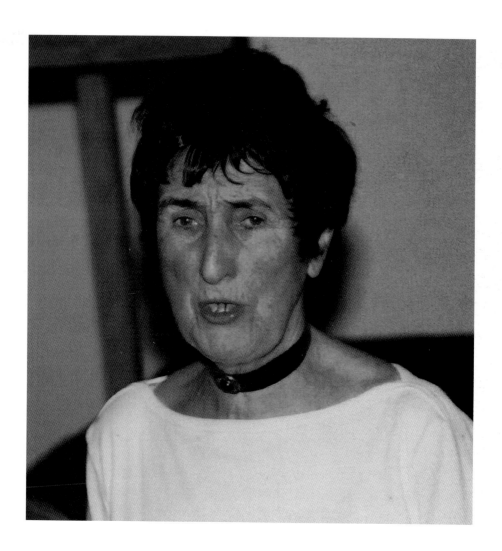

**Buddug James:** Brenhines y Ddrama

# Cyfnod Y Bala …

**Y rhes gefn:** Carys Edwards, Gareth Roberts, B.J., Margaret Roberts, Liz Roberts, John Aeron, Glyn Jones, John Walter, Beti James.

**Y rhes flaen:** Evan Dobson, Dafydd Evans.

**Buddug James:** Brenhines y Ddrama

# Buddug James

**gan y Parchedig Huw Jones**

Roedd Buddug James wedi hen ymgartrefu yn Y Bala erbyn i mi symud yno ym Medi 1962. Menna Jones, athrawes Gwyddor Cartref yn Ysgol Ramadeg y Merched ar y pryd, a Buddug yn cydletya ac yn llwyddo i gyd-fyw yn rhyfeddol o gytûn, er mor wahanol oedd y ddwy. Menna yn berson eithriadol o ddwys a threfnus ei lle a'i phethau a hyd yn oed ei meddwl a'i sgwrs; Buddug, druan, yn y pegwn arall yn gwbl ar chwâl ac ar wasgar.

Rwy'n cofio galw i weld y ddwy am y tro cyntaf fel gweinidog. Y ddwy mor groesawus â'i gilydd. Rhaid oedd cymryd paned ac fe'm perswadiwyd i aros am lawer mwy o amser na'r bwriad. Menna'n mynd i roi'r tecell ar fynd. Buddug yn taenu lliain dros y bwrdd crwn a oedd ar ganol y llawr. Menna'n dod yn ôl i'r lolfa ac yn aildaenu'r lliain bwrdd. Rhaid bod crych neu ddau ynddo yn rhywle! Buddug yn dod â'r llestri, tair cwpan a soser a thri phlât. Menna wrth basio'r bwrdd yn amlwg yn gweld rhywbeth o'i le ar un o'r cwpanau, mynd â hi i'r gegin a dod ag un arall yn ei lle. Y lliain taenedig yn gwneud y tro i Buddug ond nid i Menna. Y cwpan yn ddigon da i Buddug ond nid i Menna.

Rhaid bod y sgwrs wedyn wedi mynd i gyfeiriad costau twymo am ryw reswm. Buddug, ar ôl gofyn ple'r oedd hi, yn estyn ffeil a oedd yn cynnwys pob math o filiau. O'i sefyll, dyna hi'n dechrau gwagio'r ffeil nes bod papurau'n bentyrrau ar y gadair, y soffa a'r llawr. Wedi cael gafael ar y bil y chwiliai amdano, eisteddodd ac ymgolli yn y sgwrs heb fygwth rhoi'r papurau'n ôl yn drefnus. Toc, Menna'n codi o'i chadair i glirio'r hyn a oedd iddi yn llanast ac yn rhoi'r papurau'n ôl yn y ffeil. Er yn gwbl gytûn, mi dybiaf, ar bob mater arall o bwys, roedd y ddwy mor wahanol ag y gall dwy fod cyn belled ag yr oedd trefn yn y cwestiwn. Gwelais ddrama'r gwahaniaeth rhyngddyn nhw o flaen fy llygaid y noson honno.

**Buddug James:** Brenhines y Ddrama

Newidiwyd mo'r argraff gyntaf honno am Buddug. Beth bynnag am 'gredu mewn trefn', doedd trefnusrwydd ddim yn un o'i rhinweddau. Doedd trefn ddim yn bwysig iddi. Arall oedd ei chryfder a'i rhinweddau. Ond roedd hi ar dro yn trethu amynedd 'y rhai sy'n credu mewn trefn'.

Rwy'n ei chofio'n dod i dŷ'r gweinidog un noson, yn gymharol hwyr â'i gwynt yn ei dwrn, i ofyn i Megan, y wraig, deipio drama fer a gwneud naw copi ohoni erbyn nos drannoeth i bwrpas yr ymarfer cyntaf. A'r ddau ohonom â gormod o feddwl ohoni i wrthod. Ond fel'na roedd hi, y munud olaf, y pen set, efo pob peth.

Wedyn, dro arall, Buddug yn archebu dilladau pwrpasol a helmedau milwyr a tharianau, ac yn y blaen, ar gyfer Pasiant y Pasg yng Nghapel Tegid. Hwnnw'n beth mawr ac am saith noson yn olynol a phobol o bell ac agos yn dod i'w wylio. O rywle yn Llundain roedd y gêr i ddod. Buddug yn gyfarwydd â chael pethau o'no i bwrpas dramâu'r ysgol. Ffonio Llundain sawl gwaith a'r rheini'n ein sicrhau fod y pethau ar eu ffordd ers tridiau neu bedwar. Aeth yn fore'r perfformiad cyntaf a'r bocs yn cyrraedd ar ôl bod ym mhobman yn chwilio am Y Bala. Y drecsiwn ar y bocs pan ddaeth oedd H. Jones, Anneddwenala, Wales. Y cyfeiriad yn un gair a heb y 'B' yn Bala! Roedd yn amlwg wedi bod yn Y Rhyl a rhywun yno wedi rhoi 'Try Bala' arno. Mae'r label hwnnw yn dal gen i. Gallaf yn hawdd dybio mai brys a blerwch llawysgrifen Buddug a oedd yn gyfrifol am y panig hwnnw yn fwy na phobol Llundain.

Sawl gwaith y cefais fy hun yn ymdrechu i gadw'i chefn pan fyddai, hwyrach, hanner awr neu dri-chwarter awr yn hwyr i'r ymarferion drama. Eithriad mawr oedd iddi gyrraedd mewn pryd. Yr actorion yno mewn pryd, a rhai yn gorfod codi'n fore i fynd at eu gwaith, ond dim golwg o Buddug am hydion. Y criw yn anniddigo a diflasu hyd at fygwth nogio a streicio. Minnau'n gwneud fy ngorau i amddiffyn Buddug trwy gyfeirio at ei phrysurdeb a'r holl waith a wnâi yn yr ysgol a thu allan i oriau'r ysgol, ac yn y blaen. Pan gyrhaeddai Buddug byddai'r bygythiadau a'r dweud y drefn yn cyd-ddiflannu.

Teimlais o'r dechrau mai rhywbeth maddeuadwy iawn oedd diffyg trefn a diffyg prydlondeb Buddug. Roedd hi'n ferch a oedd yn werth ei chael, yn enwedig gyda phob gweithgarwch dramayddol. Roedd ganddi anferth o ddawn yn y cyfeiriad hwnnw. Cynhyrchu dramâu oedd ei phennaf rhagoriaeth. Glaniai ar ei thraed bob gafael. Weithiau ceid y cynhyrchiad yn ymddangos yn ddryswch llwyr ddyddiau cyn y perfformiad. Ond gallai Buddug, er nad yn enwog am ei threfnusrwydd yn gyffredin, ddwyn trefn o bob anhrefn dramatig. Erbyn y foment dyngedfennol, yng ngeiriau David Charles, Caerfyrddin, byddai 'ei dryswch mwyaf yn drefen glir'. Y dystiolaeth fwyaf i hynny yw'r llwyddiannau a gafodd gyda dramâu mewn gwyliau drama cystadleuol dros gyfnod o chwarter canrif. Nid drwg o syniad fyddai i bobol Y Bala alw Neuadd Buddug (Victoria Hall) yn 'Neuadd Buddug James' er cof amdani ac mewn gwerthfawrogiad o'r holl waith a gyflawnodd a hynny'n bennaf yn Y Bala.

### Rhan o enwebiad Buddug James Jones ar gyfer Medal Syr T. H. Parry-Williams, Ionawr 2005

Y ddrama yw'r llinyn arian sy'n mynd â ni'n ôl tros hanner can mlynedd yn ardal Y Bala. Bu'n cyd-gynhyrchu pasiantau'r Nadolig a'r Pasg yng Nghapel Tegid rhwng 1968 a 1982, gan dynnu tyrfa enfawr o bob oed i actio, cynnal llwyfan, goleuo, coluro, gwisgoedd ac yn y blaen. Drwy ei chysylltiad â chwmnïau drama, fel Cwmni Drama Tegid, a fu mor llwyddiannus am gyfnod o amser, medrodd gyflwyno dawn amatur yn ddawn gyfrin ar lwyfan.

Ei chyfraniad mewn cynhyrchu gyda'r cwmni yma a arweiniodd at lwyddiant eto yn Eisteddfod Genedlaethol Wrecsam 1977 yng nghystadleuaeth y ddrama un act, pan enillwyd cwpan Gwynfor gan Gwmni Drama Tegid, a B.J. yn ennill cwpan Olwen Mears am y cynhyrchydd gorau. Cafodd yr un cwmni ail yn Eisteddfod Genedlaethol Caernarfon 1979 allan o 17 cwmni, ac yna rhwng 1982 ac 1985, arweiniodd ei chynhyrchu i'r cwmni ennill bedair gwaith yn olynol yn yr Eisteddfod Genedlaethol – Abertawe 1982, Llangefni 1983, Llanbedr Pont Steffan 1984, a Rhyl 1985.

Yn 1967, Eisteddfod Genedlaethol Y Bala, yr oedd ar y Pwyllgor Drama, ac yn aelod o gast y ddrama gomisiwn y flwyddyn honno – *Yn Iach o'r Dŵr*. Y hi hefyd a gynhyrchodd y ddrama *Amlyn ac Amig* yn yr un Eisteddfod. Bu'n cynhyrchu dwy ddrama gomisiwn yn yr Eisteddfod Genedlaethol gyda llwyddiant arbennig sef *Ymweliad yr Hen Foneddiges* yn Eisteddfod Genedlaethol Wrecsam 1977 a'r ddrama *Arlecchino, Gwas i Ddau Feistr* ym Mro Madog, 1987. Roedd hefyd yn aelod o'r pwyllgor drama y flwyddyn honno. Pobol ifanc oedd yn y dramâu comisiwn hyn.

**Buddug James:** Brenhines y Ddrama

Bu'n cynhyrchu ballet gerddorol, *West Side Story*, Rhydaman 1970, a *Hedd Wyn*, Gŵyl Gyhoeddi Eisteddfod Genedlaethol yr Urdd, Y Bala 1972, yn 1971.

Mae B.J. yn feirniad drama cenedlaethol, ynghyd â bod yn feirniad pobologaidd yn y gwyliau drama taleithiol. Yn Eisteddfod Genedlaethol yr Urdd, Y Bala 1972, y hi oedd is-gadeirydd pwyllgor dawnsio gwerin.

Drwy gyfieithu llawer o ddramâu i'r iaith Gymraeg, mae nid yn unig wedi hybu'r iaith ond wedi lledu gorwelion byd y ddrama yng Nghymru. Ynghlwm wrth hynny, mae wedi cyfrannu'n aruthrol at ystwythder iaith a llefaru cain. Wrth gyflwyno cynyrchiadau fel *Peer Gynt* ac *Y Fam Gwroldeb a'i Phlant*, mae wedi rhannu â chymdeithas ddiwylliant gwledydd eraill yn ein hiaith ein hunain.

Un o nodweddion llwyddiant yr Eisteddfod Genedlaethol ydyw diddordeb digymar y Cymry mewn llenyddiaeth, cerddoriaeth, drama a chelfyddyd. Bu B.J. yn foddion i greu'r diddordeb yma mewn pobol o bob oed. Y gallu i ddarganfod talentau cudd; creu hyder mewn pobol i ymarfer eu dawn ar lwyfan; a chyflwyno cynyrchiadau gorffenedig i gynulleidfaoedd disgwylgar.

# Atgofion John Walter Williams

Ymarfer yr oeddem ar lwyfan neuadd Ysgol y Berwyn, Y Bala, y cyfle olaf i ymarfer cyn cystadlu y noson ganlynol yng nghystadleuaeth drama fer Eisteddfod Genedlaethol Y Rhyl, 1985. Y ddrama *Yr Eliffant* oedd ar fynd gennym fel Cwmni Tegid y flwyddyn honno.

Yn sydyn reit dyma Buddug yn gweiddi "Stopiwch" – roedd wedi cael fflach o oleuni, ac wedi sylweddoli fod gwell symudiad neu symudiadau i'w gwneud yn y rhan honno o'r ddrama na'r symudiad neu'r symudiadau roeddem wedi hen arfer â hwy fel eu bod yn rhan ohonom.

Roedd y symudiadau newydd yn rhagori ar yr hen rai, ond diar annwyl, roedd hi'n noson cyn y gystadleuaeth! Ymarfer gyda'r symudiadau newydd fu hi beth bynnag, ac fel y dywed yr emyn, 'Ni wyddom ni, ni allwn ddweud', bu llwyddiant, a chawsom y wobr gyntaf, gyda chwmni Glannau Colwyn yn ail, a chwmni'r Llechen Las, Bethesda, yn drydydd.

Enillodd Cwmni Tegid bedair gwaith yn olynol yng nghystadleuaeth y ddrama fer yn yr Eisteddfod Genedlaethol – Abertawe 1982, Llangefni 1983, Llanbedr Pont Steffan 1984 a'r Rhyl 1985.

Mae'r hyn y cyfeiriais ato yn gynharach am newidiadau munud olaf yn enghraifft deg o'r profiad o actio drama gyda Buddug. Mae gennyf yn fy meddiant gerdyn a dderbyniais gan Buddug ac arno:

> Diolch am eich amynedd a'ch ymroddiad yn
> ystod ymarfer y ddrama – bu'r
> cyfan yn werth y drafferth
>
> B.

**Nos Lun 8.30 Dole.**

Buddug James: Brenhines y Ddrama

Mae'r 'nos Lun 8.30 Dole' yn cyfeirio at ymarfer a oedd i ddod mae'n siŵr – ond pan ddôi nos Lun, efallai mai 9.30 o'r gloch y byddai unrhyw drefn ar bethau. A 'Diolch am eich amynedd'. Oedd, roedd angen amynedd di-ben-draw – y trefnu munud olaf, anghofio rhyw eitem pwysig o'r set, (ac os oeddem ar daith gystadlu cael benthyg rhywbeth tebyg yn lleol ar ôl chwalu a holi), newid amser ymarfer, newid symudiadau ar fyr rybudd, a chorff ac ystum bron wedi rhewi o'i wneud rhyw ffordd arall dros gyfnod.

Roedd yr anghofio yn cyrraedd i faes derbyn gwobrau hefyd. Mae gennyf nodyn yn fy meddiant a dderbyniwyd oddi wrth Drysorydd Gŵyl Ddrama'r Foel, Y Trallwm:

> Annwyl ...
>    Dyma anfon siec arall i chwi am eich perfformiad yn Y Foel 1980!
>    Gobeithio y cawn eich cwmni eto yn 1983.
>    Ewch ar frys rwan i'r 'Banc sydd yn gwrando'.
>
>    Yn gywir,
>    Trys.

Nid oes dadl nad oedd gan Buddug y ddawn eithriadol yma i gynhyrchu a llwyfannu drama – y broblem oedd nad oedd y darlun cyfan byth ar gael o'r dechrau – byddai'r fflachiadau yma o wella'r cynhyrchiad yn dod hyd y perfformiad cyntaf, os nad wedyn, a phob gweledigaeth yn rhagori ar bopeth a wnaed ynghynt.

A'r ddawn fawr oedd ganddi i ddewis personau ar gyfer y gwahanol gymeriadau. Credaf ei bod yn unigryw yn hyn o beth. Byddai'r cymeriad a roddid i actor yn ffitio fel maneg, a mwy na hynny, yn creu ymdeimlad o hunan-hyder arbennig yn yr actor hwnnw neu honno, ac mae dyled llu o bersonau sydd bellach ym myd y ddrama yng Nghymru, neu ar y cyfryngau, neu yn actorion amatur, yn fawr iawn i Buddug, am iddi weld a meithrin talent mewn modd mor arbennig.

Pleser arbennig, a braint arbennig, oedd i amryw ohonom gael y cyfle i dalu gwrogaeth iddi mewn Rhaglen Deyrnged ar lwyfan Theatr y Maes, yn Eisteddfod Genedlaethol Y Bala 1997.

Roedd Buddug yn sicr yn bersonoliaeth arbennig, na welwn ei thebyg eto ym myd y ddrama. Oedd, roedd hi'n hwyr yn cyrraedd, yn flêr yn ei threfniadau, yn newid ei meddwl, yn anghofus, ac yn gyrru pawb yn grac ar brydiau, ond roedd ganddi y weledigaeth brin honno, sydd ym meddiant yr ychydig rai yn unig.

Mae ardal Y Bala, ardal Dole a'r Garn, Aberystwyth, ac yn wir, Cymru gyfan, yn dlotach heddiw o'i cholli. Roedd hi'n enaid mawr.

# Rhaglen Deyrnged i Buddug,
# Eisteddfod Genedlaethol Y Bala, 1997

**O'r chwith:** John Griff, Glyn Jones, Dora Jones, B.J., Gareth Roberts, Margaret Roberts, Beti James, John Walter Williams.

**Buddug James:** Brenhines y Ddrama

**Buddug James:** Brenhines y Ddrama

**Y rhes gefn, o'r chwith:** Liz Roberts, John Walter Williams, John Aeron, Gareth Roberts, Dafydd Evans.

**Y rhes flaen:** Margaret Roberts, Glyn Jones, Beti James, Evan Dobson, Nia Morgan.

**Buddug James:** Brenhines y Ddrama

# I Gofio Buddug J. Jones

Roedd hanner nos fel hanner dydd
Yn hanes Buddug druan,
A hithau fel rhyw arian byw
Yn fywiog drwy y cyfan.

**Dafydd Evans**

# LLWYDDIANT AR BEN LLWYDDIANT

Cafodd Cwmni Aelwyd y Gorlan, Y Bala, newydd da ychydig ddyddiau wedi iddynt ennill y gystadleuaeth ddrama yn Eisteddfod yr Urdd Dyffryn Teifi.

Cawsant eu dewis yn un o dri o gwmniau i ymddangos yng nghystadleuaeth ddrama yr Eisteddfod Genedlaethol ym Machynlleth.

Dyfarnodd John Ogwen fod tri chwmni i gystadlu ym Machynlleth: Cwmni Drama Cymraeg Llanelli, Cwmni Pandy Llanuwchllyn, a Chwmni Aelwyd y Gorlan. Roedd deg o gwmniau yn y gystadleuaeth.

Dyfarnwyd Aelwyd y Gorlan yn gyntaf yng ~nghystadleuaeth y ddrama fer i Aelwydydd ym

Mhrifwyl yr Urdd. Perfformiwyd 'Y Ddraenen Fach' (Gwenlyn Parry) ganddynt, drama gyda phump o gymeriadau ynddi. Gyda'r un ddrama enillodd y Cwmni wobrau yng nghystadlaethau'r Foel a Llanfyllin.

Llun: Y pum actor — Hywel Glyn a Cemlyn Jones (rhes ôl ar y chwith) a John G. Jones, Gwyn Sion Ifan ac Aled Jones Evans (yn y rhes flaen), gyda'r ddau oruchwyliwr llwyfan Dylan Baines, John Meurig Parry a'r Cynhyrchydd Buddug James Jones (rhes ôl ar y dde). O'u blaen mae'r cwpan a enillwyd yng Nghastell Newydd Emlyn.

**Buddug James:** Brenhines y Ddrama

**64** B.J. a John Griff ar y ffordd i briodas Ifor a Mair Richards, Y Bala

# Rhan o enwebiad Buddug James Jones ar gyfer Medal Syr T. H. Parry-Williams, Ionawr 2005 …

Daeth B.J. yn athrawes Addysg Gorfforol i Ysgol Ramadeg y Merched, Y Bala, o'r coleg yn 1953, ac arhosodd yn ein plith am dros ddeugain mlynedd. Yn ystod y blynyddoedd hynny bu'n gweithio'n ddiwyd ymysg plant, ieuenctid, rhai hŷn a chanol oed, trwy'r Urdd, y ffermwyr ieuainc, Merched y Wawr a'r capeli, yn bennaf ym myd y ddrama, ond hefyd gyda dawnsio gwerin, clocsio, dawnsio creadigol, cyflwyniadau dramatig, cyfieithu dramâu, darlithio, dysgu rhai i lefaru, ac yn y blaen.

Daeth ei chyfle mawr yn 1964, pan grewyd Ysgol y Berwyn trwy uno Ysgol Ramadeg y Merched ac Ysgol Ramadeg y Bechgyn. Nid oedd Drama yn bwnc fel y cyfryw bryd hynny, a pharhaodd yn athrawes Addysg Gorfforol lawn-amser. Cafodd weledigaeth o greu cyfle i fechgyn a merched yr ysgol ymarfer eu dawn ar lwyfannau Cymru, ac ymrôdd ati i gynhyrchu dramâu yn yr oriau ar ôl i'r ysgol gau am y dydd, o 1965 ymlaen.

Bu'n cynhyrchu hyd at dair neu bedair o ddramâu un act bob blwyddyn ar gyfer Eisteddfod Genedlaethol yr Urdd, gan roi cyfle i do ar ôl to o blant a phobol ieuainc ymarfer eu dawn, rhai hyd yn oed yn y cefndir yn unig, ond yn ennill profiad a hyder er hynny. Bu'n cynhyrchu dramâu hir gyda phlant a phobol ieuainc ac mae cyflwyniadau fel *Peer Gynt*, Ibsen, *Ymweliad yr Hen Foneddiges*, a oedd yn ddrama gomisiwn Eisteddfod Genedlaethol Wrecsam 1977, a hefyd *Y Fam Gwroldeb a'i Phlant*, Bertolt Brecht, yn 1983, yn aros yn y cof fel cynyrchiadau o bwys.

Hi a sefydlodd y ddrama yn Ysgol y Berwyn ac yn sicr gellid dadlau mai trwy'r cyhoeddusrwydd a'r llwyfan a roddodd i berfformio y cododd statws y ddrama mewn ysgolion a chymdeithasau ledled Cymru. Yn ei hamser sbâr ei hun y gweithiai ar y ddrama gyda'r plant a'r ieuainc ac yn sicr nid oedd gweithgarwch drama a chyflwyniadau llwyfan yn ysgolion Y Bala cyn hynny.

# Buddug: gan y Dr Iwan Bryn Williams

Bu Buddug yn dysgu yn Y Bala am 42 o flynyddoedd, 11 yn Ysgol Ramadeg y Merched a 31 yn Ysgol y Berwyn. Cefais i weithio gyda hi am 21 o'r rheini gan ddod yma yn 1970 ac adnewyddu cyfeillgarwch a oedd wedi cychwyn rhyw 15 mlynedd ynghynt pan oeddem yn gyd-swyddoga yng Ngwersyll Llangrannog. Am ein bod yn byw yn agos iawn at ein gilydd yn Heol Ffrydan bu hi a Menna Jones, ei hangel gwarcheidiol, yn gymwynaswyr cyson yn nechrau'r 1970au.

Fe'i penodwyd i ddysgu Ymarfer Corff, Celf a Chymraeg yn Ysgol y Merched, a phan sefydlwyd Ysgol y Berwyn datblygodd yr adran Ymarfer Corff gyda'r Gampfa newydd a'r pwyslais ar Gymnasteg. Gallasai un athrawes ofalu am isafswm buddiol o wersi i ferched bob dosbarth yn yr ysgol. Roedd ganddi ystafell iddi hi ei hun i newid ac ymolchi ac i gadw mil a myrdd o bethau, yn ôl pob golwg yn hollol ddi-drefn.

Yn nechrau'r 1970au ychwanegwyd un wers Ddrama bob wythnos i bob plentyn yn Nosbarth 1 gyda'r pwyslais o roi iddynt brofiad newydd heb yr angen i ddarllen a sgwennu ac i gwtogi ar y ffrydio yn ôl gallu a oedd wedi digwydd ym mlynyddoedd cyntaf yr Ysgol Gyfun newydd. Tybid hefyd y byddai yn gyfle i Buddug adnabod a datblygu talent ar gyfer y gwaith mawr yr oedd wedi ei gychwyn o gynhyrchu dramâu yn yr ysgol fel gweithgarwch o'r tu allan i'r cwricwlwm.

Pan ddaeth Drama i fod yn bwnc arholiad gwelwyd Buddug yn hybu ambell unigolyn brwd i astudio'r pwnc o hyd braich fel petai, a hynny yn llwyddiannus. Droeon bu yn dweud y carai ddysgu mwy o ddrama, a throeon y dywedais wrthi y byddwn yn falch o'i gweld yn gwneud hynny, ar yr amod y byddai'n rhaid i hynny fod ar draul ei gwersi Ymarfer Corff. Ar hynny fe bwdai yn ddisymwth.

**Buddug James:** Brenhines y Ddrama

Credai ei bod yn fythol ifanc! Ac mewn gornestau rhwng ysgolion câi lwyddiant mawr ar y bêl-rwyd ac mewn mabolgampau.

Mentrodd i fyd hoci yn yr wythdegau ond yn bur araf y cafodd lwyddiannau. Yn y Mabolgampau Sirol llwyddai'r merched i ennill mwyafrif y tlysau yn flynyddol i'r fath raddau fel bod ysgolion eraill yn gwneud eu gorau i beidio â chynnal y mabolgampau fel cystadleuaeth rhwng ysgolion, ac yn dymuno ei wneud yn gystadleuaeth rhwng unigolion. Ysbrydolwr oedd Buddug yn hyn i gyd. A thrwy bwyso ar unigolion i godi eu safonau yn y campau y llwyddodd hi a'r ysgol.

Yn yr un modd fe dynnodd y gorau allan o niferoedd mawr o blant ar y llwyfan. Ond yr oedd ganddi ddawn cynhyrchydd arbennig yn y maes yma. Roedd hi'n dipyn gwell actor na mabolgampwr, ond datblygodd y gallu ynddi i greu cynyrchiadau cofiadwy iawn yn ei dramâu ac fe aeth nifer mawr o'i hegin-actorion gorau ymlaen i bethau mawr.

Yr hyn na feddai oedd syniad am amser. Y cynhyrchiad at 1970, meddai, oedd *Peer Gynt*, cyn y Nadolig. Digwyddodd rywdro tua'r Grawys a dyna fy medydd tân. "Rydw i am wneud tair drama fer eleni at Steddfod yr Urdd," meddai ryw ddeng mlynedd wedyn, a hyn pan oedd ar ganol cynhyrchu drama hir, a droes yn fwriad nas gwireddwyd. Fel yr âi'r blynyddoedd ymlaen nid oedd y syniadau yn dwyn ffrwyth mor aml a pheidiodd llwyddiannau mawr y 1970au ag ymddangos mor gyson. Roedd ysgolion eraill ar y ffordd i fyny, yn enwedig yr ysgolion dwyieithog newydd yng nghymoedd y De. Ond symbyliad mawr iddynt hwy ar y dechrau, yn ôl eu cyfaddefiad eu hunain, oedd cael curo cynyrchiadau Buddug.

Manteisiodd ardalwyr Penllyn yn fawr ar gael Buddug yn un ohonom. Bu yn llwyddiannus iawn efo Cwmni Tegid yn lleol ac yn genedlaethol.

Cynhyrchodd basiantau mawr yng Nghapel Tegid, pryd y codid llwyfan eang ar draws y sêt fawr, bron i'r un uchder â'r pulpud. Syniad y Parch. Huw Jones oedd hyn ac ef hefyd a luniai'r sgript ac a gymerai'r cyfrifoldeb o sicrhau fod y cynhyrchydd yn dod yn brydlon i'r ymarferiadau. Ar rai adegau byddai'r pasiant yn basiant Pasg, a Buddug ar yr un pryd yn cynhyrchu dramâu ysgol ac at Eisteddfod yr Urdd. Yn yr holl waith yma yr oedd yn dibynnu yn drwm ar nifer mawr o gyfeillion, athrawon yr ysgol ac eraill, i sicrhau fod pethau yn dod i fwcwl. Er mawr loes i lawer un o'r rhain, cawsant y profiad o glywed ar ddechrau'r ymarfer olaf fod newid sylweddol ar droed gan Buddug i sicrhau golygfa fwy effeithiol rywle yn y ddrama, ac ar brydiau golygai hynny newid lleoliad actorion ar y llwyfan, newid gwisgoedd, newid goleuadau a phethau sylweddol eraill. Nid oedd unrhyw berfformiad yn orffenedig nes yr oedd y ddrama wedi ei hactio!

Cafodd Buddug golledion mawr yn ei bywyd. Collodd Menna Jones, ei chyd-athrawes, ac fe ellir dadlau mai cyn hynny y gwnaeth hi ei gwaith gorau gyda dramâu'r ysgol. Collodd ei thad a'i mam o fewn ychydig wythnosau i'w gilydd, ac yna ei gŵr John a'i brawd How o fewn rhyw fis i'w gilydd. Arferem feddwl ei bod hi yn iach fel cneuen ac y byddai yn byw i oedran mawr fel ei rhieni, ond cawsom ein siomi, a daeth y diwedd yn sydyn.

Yn ddiamau, unigolyn arbennig oedd Buddug ac ni ellir amau ei chyfraniad mawr i fywyd yr ysgol. Buasai ei ffitio i mewn i gyfundrefn Ysgol y Berwyn wedi bod yn haws pe na fyddai hi'n gymaint o unigolyn ystyfnig a dygn. Gobeithio i'r gweddill ohonom lwyddo i wneud rhywbeth o'r ysgol yn ystod yr un mlynedd ar hugain y bûm yn brifathro, oherwydd bu'n rhaid gweithredu mesur mawr o raslonrwydd at Buddug a'i gadael i fynd ymlaen fel y gwnâi. Diolch byth fod hynny wedi talu ar ei ganfed.

# Colli Buddug

Unig yw'r holl lwyfannau, – caed eiliad
   Act olaf ei dyddiau,
  A gwelwyd gwanio'r golau
  Yn llawn cur a'r llenni'n cau.

**R. O. Williams**

# Buddug
**Teyrnged Huw Dylan Jones, a gyflwynwyd
yn ei hangladd ar Ionawr 14, 2006**

Os mai brenhines y delyn oedd Nansi Richards, yna, heb amheuaeth, brenhines y ddrama oedd Buddug. Roedd ganddi ddawn arbennig fel cynhyrchydd a hynny gyda chwmnïau hŷn a chwmnïau ieuenctid fel ei gilydd. Hi oedd yn gosod y safon yr oedd pawb arall yn ymgyrraedd tuag ato. Dwi'n cofio pan oeddwn i'n ddisgybl yn Ysgol Syr Thomas Jones, Amlwch, ac yn cymryd rhan mewn drama at yr Urdd a'r cynhyrchydd, y diweddar Richard T. Jones yn dweud, "Rhaid i chi wneud yn well na hynny ne' gurwch chi byth Buddug James Jones ac Ysgol y Berwyn," a wnaethon ni ddim. A'r un oedd y safon gyda'i chwmnïau hŷn – efo Cwmni Tegid enillodd y brif gystadleuaeth actio drama fer yn yr Eisteddfod Genedlaethol am bedair blynedd yn olynol rhwng 1982 a 1985 ac yn ddiweddar cafodd lwyddiant mawr gyda chwmni Licyris Olsorts. A hynny gan un nad oedd hyd yn oed yn athrawes Ddrama oherwydd fe ddaeth i Ysgol Ramadeg y Merched yn Y Bala yn 1953 fel athrawes Ymarfer Corff a Chymraeg. Ond roedd ganddi ddiddordeb mewn drama. Roedd eisoes wedi cynhyrchu drama gyda'r myfyrwyr yn y coleg yn Aberystwyth, ac ar ôl dod i'r Bala bu'n bwrw'i phrentisiaeth fel petai yn cynhyrchu dramâu yn lleol, yn bennaf yng Nghapel Tegid. Ac yna pan sefydlwyd Ysgol y Berwyn yn 1964, a chyda chefnogaeth y prifathro ar y pryd, Mr John Saer, mi gafodd gyfle i ddatblygu'r diddordeb hwnnw ymhellach.

Fe gynhyrchodd Buddug ugeiniau ac ugeiniau o ddramâu ond os ca' i fod mor hy ag aralleirio cwpled adnabyddus:

> Ond o'i dramâu i gyd
> Y fwyaf oedd ei bywyd.

**Buddug James:** Brenhines y Ddrama

Ac mi roedd Budd, neu Buddug, B.J., Buddug James, Buddug James Jones – sut bynnag roedden ni'n ei chyfarch hi – yn gymeriad lliwgar.

Roedd hi'n hoff iawn o liwiau. Hoffai wisgo lliwiau llachar, yn enwedig pan oedd hi'n fengach – sgarlad, emrallt, piws, pinc, oren, melyn tanbaid, ac, yn arbennig, ei hoff liw, coch – ac fe'i disgrifiwyd hi fel Elizabeth Taylor Penllyn yn y 1960au. Os oedd yna 'achlysur arbennig' byddai diddordeb mawr ynglŷn â beth fyddai Buddug yn ei wisgo. Hoffai wisgo'n ffasiynol gyda steil a mynd ar 'dramp' i Gaer fel y byddai'n ei ddweud. Weithiau gwisgai'n fwriadol i dynnu ar brifathro Ysgol y Berwyn, y Dr Iwan Bryn Williams. Gwyddai nad oedd Iwan Bryn yn rhy hoff o athrawon yn gwisgo coch a byddai Buddug yn dod i'r ysgol wedi'i gwisgo'n llythrennol o'i phen i'w sawdl mewn coch! Ond roedd lliw yn rhan annatod o'i natur a'i chymeriad hefyd – doedd bywyd byth yn llwydaidd gyffredin pan oedd Buddug o gwmpas. Roedd yna ddrama a dyna un rheswm pam roeddem ni, ac yn arbennig pobol ifanc, mor hoff o'i chwmni. A rhaid dweud ei bod ar ei hapusaf yng nghwmni pobol ifanc. Roedd ganddi ddawn arbennig i'w hysbrydoli a medrai ymdoddi yn ddidrafferth i'w byd, mae'n debyg, oherwydd ei bod hi ei hun yn fythol ifanc ei hysbryd.

A doedd amser yn cyfri dim i Buddug. Credai fod pawb mor ifanc ag y maent yn teimlo ac felly nid oedd oedran neb yn bwysig yn ei golwg. Yn sicr nid oedd am i neb wybod beth oedd ei hoedran hi. Ar deithiau ysgol ni châi neb weld ei phasbort a phan roddodd staff Ysgol y Berwyn gerdyn pen-blwydd iddi yn 60 oed, a chartŵn ohoni hi wedi ei gwisgo mewn coch ac yn neidio i fyny ac i lawr ar drampolîn ar y tu blaen, ei hymateb oedd gyrru cerdyn yn ôl at y staff ac arno'r geiriau: 'Ymlaen â'r cart'. Doedd amserlen na chloc na watsh ddim yn bwysig i Buddug chwaith. Byddai bob amser yn cael paned amser yr egwyl nid yn yr ystafell athrawon ond gyda'r staff ategol yn y cantîn – roedd 'na well coffi yn fanno, meddai hi, a doedd 'na ddim brys arni i ddychwelyd i'r gampfa pan âi'r gloch. Weithiau byddai Iwan Bryn yn mynd i chwilio amdani, i brysuro tipyn arni, a byddai Buddug yn cuddio dan y bwrdd a phawb yn gwadu eu bod wedi ei gweld. Dwi'n siŵr y gallai aelodau Cwmni Tegid dystio, ac aelodau o'i chwmnïau eraill hefyd, os oedd Buddug yn galw ymarfer am wyth o'r gloch gallech fentro bod yno am naw a dal i fod yn brydlon, ac mae aelodau o Gwmni Tegid yn ei chofio yn cnocio drysau am ddeg o'r gloch y nos i'w 'nôl i bractis.

Ac eto, er nad oedd cadw amser yn bwysig iddi, roedd ganddi amser. Fe wnaeth amser i'r pethau hynny a oedd yn bwysig yn ei golwg. Fe dreuliodd ei hoes gyfan yn rhoi o'i hamser i eraill.

Roedd hi wastad yn brysur, ar frys, yn llawn ynni ac egni aflonydd – yn ymarfer, hyfforddi, chwilio am ddramâu newydd, cystadlu – ac roedd hi'n gystadleuol iawn, nid yn unig ym myd y ddrama ond hefyd ym myd chwaraeon, rhywbeth arall yr oedd ganddi ddiddordeb mawr ynddo, a chafodd ddifyrrwch a llwyddiant mawr yn hyfforddi timau hoci a phêl-rwyd ac ym Mabolgampau'r Sir, ac y mae cenedlaethau wedi elwa o'r amser a roddodd hi mor hael. Cafodd cymaint o blant gymaint o wahanol brofiadau ganddi. Mae rhestr hir o fewn y cyfryngau, yn actorion, cynhyrchwyr, sgriptwyr, a rhestr hirach fyth mewn meysydd eraill, sy'n ddyledus am y cyfle a gawson nhw gan Buddug.

Roedd rhoi yn nodwedd amlwg iawn o gymeriad Buddug. Roedd hi'n eithriadol o ffeind. Byddai'n barod i roi ei cheiniog olaf i chi heb ddisgwyl dim yn ôl. Ac yn yr un modd, fe roddodd yn gyfan o'i doniau hyd y diwedd. Mae'n wir dweud i'w chyfraniad gael peth cydnabyddiaeth – fe gafodd hi fwy nag unwaith gynhyrchu drama hir yr

Eisteddfod, ac yn Eisteddfod Genedlaethol Y Bala, 1997, fe gafwyd rhaglen deyrnged iddi yn Theatr Fach y Maes. Ond roedd hi'n haeddu llawer mwy, ac er nad oedd hi'n un a oedd yn chwennych clod personol, roedd hi'n teimlo ar brydiau nad oedd ei hymdrechion a'i chyfraniad yn cael eu gwerthfawrogi. Os oedd rhywun yn haeddu medal Syr T. H. Parry-Williams (ac fe gynigiwyd ei henw fwy nag unwaith), yna Buddug oedd honno. Trist yw gorfod cofnodi ei bod yn rhy hwyr bellach.

Ac eto doedd Buddug ddim yn ddynes y sefydliad. Doedd ganddi fawr i'w ddweud wrth awdurdod a rheolau. I Buddug roedd rheolau yno i'w torri, neu o leiaf i'w plygu. Doedd dyddiadau cyflwyno ffurflenni cystadlu yn y gwyliau drama yn golygu dim iddi. Fe fyddai yn eu hanfon pan oedd hi'n barod. Ond os oedd amheuaeth ynglŷn â pha bryd a sawl cwmni, doedd dim amheuaeth o gwbl y byddai Buddug yno. Bu'n driw iawn ei chefnogaeth i'r gwyliau drama, o Fôn i Bontrhydfendigaid, ar hyd ei hoes. Yn wir roedden nhw mor bwysig yn ei golwg nes iddi ohirio dyddiad ei phriodas fwy nag unwaith oherwydd ei fod yn tarfu ar ryw ŵyl neu'i gilydd.

Does dim amheuaeth o gwbl y bydd y gwyliau hyn yn dlotach o lawer o golli Buddug.

Doedd Buddug chwaith ddim yn un am gadw dogfennau yn drefnus mewn blychau. Roedd ganddi system ffeilio unigryw – cefn y car. Pan fyddwn yn gofyn iddi am gopi o ddrama arbennig, "Chwilia' i," oedd yr ateb, ac yn ddieithriad ymhen ychydig fe fyddai copi yn dod, yn gyflawn ond bod angen ei smwddio.

Ac roedd Buddug wrth ei bodd yn mynd ar deithiau, yn enwedig efo pobol ifanc. Pan oedd yn fengach byddai'n trefnu gwyliau gwersylla yn Eryri. Bu ar nifer fawr o deithiau ysgol a hyd yn oed ar ôl ymddeol byddai'n parhau i fwynhau dod ar y teithiau hynny. Cefais i yn bersonol oriau o ddifyrrwch yn gyrru'r bws-mini iddi ar hyd a lled Cymru i gystadlaethau drama. Fe fuom ni yn Llundain 'dwn i'm faint o weithiau, yn Iwerddon ac yn y Senedd Ewropeaidd ym Mrwsel, a phob un ohonyn nhw'n ddramâu ynddynt eu hunain. Pe bai'r awdurdodau addysg yn gwybod beth ddigwyddodd ar rai o'r teithiau hyn dwi'm yn meddwl y byddai Buddug a mi wedi cael mynd yn bellach na giât yr ysgol! Fe aethom i Wembley i weld Cymru yn chwarae rygbi yn erbyn De Affrica, a Buddug fel hogan ifanc wrth ei bodd, a phan ddaeth *streaker* ar y cae, wel, dyna beth oedd drama! Un tro, yn gam neu'n gymwys, Buddug oedd yn gyfrifol am archebu'r tocynnau trên i Lundain. Roedd hi wedi gweld rhyw fargen yn Aberystwyth – tocyn teuluol yn caniatáu hyd at bedwar o blant i deithio am ddwy neu dair punt yr un. Yn anffodus doedd hi ddim wedi sylweddoli bod yn rhaid i'r plant fod o dan ddeuddeg oed a chomedi pur oedd gwrando ar Buddug yn ceisio argyhoeddi'r giard ar y trên yn Crewe mai plant mawr am eu hoed oedd disgyblion y chweched dosbarth. Ond rhywsut fe lwyddodd Buddug.

Ond 'fu bywyd ddim bob amser yn garedig i Buddug. Fe gollodd ei thad a'i mam o fewn wythnosau i'w gilydd. Fe gollodd John Griff yn ddisymwth a dwi'm yn amau bod colli John Griff wedi bod yn fwy o ergyd iddi nag y tybiai yr un ohonom oherwydd fe ŵyr unrhyw un a fu yn eu cwmni eu bod yn gweddu i'w gilydd i'r dim.

Roedden nhw'n dîm. Ac yna, wrth gwrs, fe gollodd Hywel o fewn cyfnod cymharol fyr, gan ei gadael yn amddifad. Bu'n ffodus iawn o'i chymdogion a'i ffrindiau yn ystod y cyfnod olaf yma, a fu'n fawr eu gofal ohoni. Ac yn y diwedd fe lithrodd Buddug o'n gafael ni rhywsut heb i ni sylweddoli, yn union fel Buddug, yn ei hamser ei hun. Ac er bod yna dristwch mawr o'i cholli mae yna fendith hefyd na chafodd yr arian byw yma o enaid nychu mewn cornel.

Archifdy yw'r co' ac yn yr archifdy hwnnw mae cannoedd ar gannoedd o luniau o Buddug, lluniau sy'n gymorth i ni gydymdeimlo, i chwerthin, i grio, ond, yn anad dim arall, i ddathlu bywyd arbennig iawn. Ia, fel y canwyd, 'There's only one Georgie Best' rai wythnosau yn ôl, gallwn ni ddweud, 'There's only one Buddug James' – a diolch am y fraint fawr o gael ei 'nabod.

Buddug a'i phobol – yn ymlacio
ar ôl cystadleuaeth ddrama

**Buddug James:** Brenhines y Ddrama

# Er Cof am Buddug

Er cilio wedi'r Calan, – troi am oed
   Drama uwch ei hadran,
  Y mae o hyd ymhob man
  A'i llef yn llenwi'r llwyfan.

**Elwyn Edwards**

# Atgofion am B.J. gan Menna Medi

Mae'n rhyfedd peidio â chlywed y 'Twt', y 'Jiw, jiw' a'r gweiddi ar Siân Elin, Elin Siân neu pa gath bynnag a oedd ar ben y bwrdd! Mae'n chwith heb flasu'r tatws a'r wyau na gweld y paun a'r 'gieir' ar fuarth Bryngwyn Canol. Mae bywyd yn llwm heb liwiau'r blodau, y balŵns, y dillad a 'sanau amryliw B.J. Ac mae'n siŵr fod yr Heddlu'n ei gweld hi'n 'boring' heb neb i bigo arni. Pwy ond B.J. a fyddai wedi cael ei stopio ddwsin o weithiau mewn blwyddyn gan y glas? Debyg y bydd pob gŵyl ddrama'n dlotach heb gyfraniadau diflino Buddug hefyd, er na fydd yr ysgrifenyddion yn colli ei steil o gyflwyno gwybodaeth iddynt!

Mae fy mywyd innau'n fwy diflas wedi marwolaeth annhymig y tri o Fryngwyn Canol. Roedd croeso bob amser ar yr aelwyd a pherthynas gyfrin rhyngddynt: John yn doethinebu tra oedd B.J. yn ponsian bymtheg y dwsin wrth hwylio'r te, a Hyw yn cadw hyd braich o flaen y tân. Mi ges amal i ddiodyn efo'r tri yn y Black a'r White pan oeddwn yn byw yn Nhal-y-bont, a sawl parti yn fy nhŷ efo John wedi paratoi *chilli* neu fwyd Tseineaidd. Wedi i mi symud i'r Groeslon, daeth John â sosbenaid o fwyd efo fo – fo'n cysgu ar lawr y gegin a B.J. yn ei sach gysgu liwgar yn y lolfa. 'Fedrai Buddug ddim aros i ddod draw eto cyn i ni fynd drosodd i Enlli, ac roedd yn ysu i gampio yn y Royal Welsh eto fel y gwnaethom pan oedd hi'n 73 oed! Roedd cymaint ar ôl ganddi i'w gyflawni ...

Mae fy nyled yn fawr i 'Miss James' er pan oedd yn athrawes Ddrama a chwaraeon arnaf yn Ysgol y Berwyn. 'Crawca' oedd fy ngair cyntaf yn *Y Llyffantod*, a bûm yn goeden yn ogystal yn *Ymweliad yr Hen Foneddiges* yn Theatr Clwyd. Cefais ran lleian yn *Fe Ddaw Amser* at Eisteddfod 1979 a diolch am golur B.J. i guddio fy *love bite*! Bydd ei chynghorion ar lwyfan yn parhau efo rhywun am byth – "dim masgio!", "dim llinell syth!", "lefelau", "patrymau diddorol" ...

**Buddug James:** Brenhines y Ddrama

Gan 'mod i'n dipyn o *teacher's pet* ganddi, credai fy mod yn gallu gwneud pob math o gampau! Rhoddodd fi yn y timau pêl-rwyd a hoci, ond 'ches i erioed gôl, ac yn y tîm ras gyfnewid, er mor araf y rhedwn. 'Dwn i ddim sut wnes i lwyddo i gynrychioli fy sir ar y naid hir na dod yn bennaeth Tîm y Merched. Yr unig beth wnes i yn rhinwedd fy swydd oedd symud postyn pêl-rwyd!

Ces fy hyfforddi i glocsio gan B.J. hefyd, gan ddiddanu pobol mewn llefydd mor amrywiol â Neuadd Buddug a Phortmeirion! Wedi mynd drwodd i'r 'Gen' i gystadlu, cefais sioc enfawr wrth weld safon clocswyr profiadol! Afraid dweud mai dwy glocsen chwith oedd gen i yn y rhagbrofion, ac na welais lwyfan cenedlaethol yn y maes hwnnw erioed.

Ond, mi fûm ar lwyfannau cenedlaethol efo B.J. efo dawns greadigol a chân actol, ac yna wrth actio efo Cwmni Licyris Olsorts. Roedd B.J. a John yn arbenigwyr ar ddewis ffarsiau Eidaleg a Ffrengig, a gallai'r ymarferion fod yn ffarsiau ynddynt eu hunain! Ond, cymaint oedd fy nyled i B.J. fel y teithiwn o'r Groeslon i Bow Street i ymarfer bob cyfle a gawn. Trwy ei dramâu hi, cefais brofiadau amrywiol iawn – o berfformio o flaen chwech o bobol yn Theatr Ardudwy i actio yn Iwerddon a neb yn ein dallt, ac o bromptio drama na welais mohoni cynt i actio mewn gŵyl ddrama genedlaethol yng Nghymru a Sais yn beirniadu! Bûm yn Eira Wen, yn un o ferched drwg *Salŵn Sal*, ac yn wraig i Tegwyn Jones fwy nag unwaith (sori, Bet)! Cawsom hwyl yn *Y Cymdogion*, pan oedd chwaden yn y cast. Câi ei rhewi ar ôl pob perfformiad, a'i dadrewi cyn y nesa'. Roedd hyn cyn dyddiau Hawliau Anifeiliaid, a doedd Carwen ddim yn briod â phlismon! Pleser (?) oedd rhannu gwely ag Alun Jenkins a sioc (!) oedd gweld Glyn Income Tax yn noeth yn *Y Bins* – un o ffefrynnau B.J. Y ffârs olaf efo Buddug yn cynhyrchu oedd *Y Byrgler Daionus*, ond, 'ddaeth fawr o ddaioni ohoni. Cawsom lwyddiant mewn gwyliau bach ond ddim yn y Genedlaethol gan i ni anghofio llawer o'r sgript, a bu raid i mi wneud sŵn ffôn oddi ar y llwyfan gan na weithiodd y peiriant! Doedd B.J. ddim yn cîn ar dechnoleg fwy nag yr hoffai ffurflenni, awdurdod na cholli! Ond, roeddem i gyd ar ein hennill o fod wedi ei 'nabod. Roedd yn mwynhau paned a sgwrs a chymryd rhan, ac fe gymerodd hithau ran ym mywydau cynifer ohonom.

Mae Dwds fy nghath a Chardi'r ast wedi cychwyn eu taith ym Mryngwyn Canol, ac maent yn f'atgoffa'n ddyddiol o'u cyn-berchnogion – John, Hywel a'r ddihafal B.J.

# Y Genhedlaeth Nesaf ...

**Cyflwyno drama 12–15 oed yn Eisteddfod Genedlaethol yr Urdd, Môn 2004. Criw iau Licyris Olsorts a ddaeth yn ail yn y gystadleuaeth.**

**O'r chwith i'r dde, rhes gefn:** Gwenno Healy, Gwyneth Keyworth, Nia Price, Cerys Evans, Tomi Turner. **Y rhes flaen:** Catrin Walker, Heledd George, Cêt Haf, B.J., Ffion Evans, Angharad Gwyn Ifans.

**Buddug James:** Brenhines y Ddrama

# Buddug James

**Carys Edwards**

Fel athrawes Ddrama erbyn hyn rwy'n ymwybodol iawn o ddylanwad a phwysigrwydd Drama ym mywydau pobol ifainc, a dyna dybiwn oedd y dylanwad mwyaf arna' i yn blentyn. Nid o angenrheidrwydd yr addysg a gefais yn Ysgol y Berwyn, er mor wych oedd yr addysg honno, ond yr holl weithgareddau allgyrsiol a ddigwyddai amser cinio, ar ôl ysgol ac yn ystod gwersi. Yr hyn rwy'n ei gofio yn bennaf am fy nyddiau ysgol oedd gwisgo'r crys coch i ganu ym mharti Cerdd Dant Tes – Trefor Edwards – a'r Côr; chwarae yng ngherddorfa'r ysgol a band y Sir; ymarferion pêl-rwyd ac athletau ac oriau ar ôl ysgol mewn 'practis' Drama!

Bu dylanwad Buddug yn fawr ar genedlaethau o bobol ifainc, ac mae'n rhaid cofio mai athrawes Addysg Gorfforol oedd Buddug, diddordeb oedd y ddrama! Cefais i ac eraill gyfle arbennig ganddi ym myd pêl-rwyd ac athletau, ac o'i gymharu â'r esgidiau a'r gwisgoedd drud sydd gan ddisgyblion heddiw, tyrchu mewn bocs er mwyn cael hyd i bâr o 'spikes' yr un maint a siâp a rhedeg mewn siorts coch hir hen-ffasiwn oedd ein tynged ni! Treuliais oriau ar ôl ysgol ym ymarfer pêl-rwyd ac athletau ond y dylanwad mwyaf arna i oedd y ddrama, er nad oeddwn yn ymwybodol o hynny ar y pryd.

Roeddem yn ffodus iawn fel disgyblion i gael perfformio mewn dramâu Ffrengig a Gwyddelig, dramâu Wil Sam a chlasuron fel *Amlyn ac Amig*, Saunders Lewis, ac *Y Llyffantod*, Huw Lloyd Edwards. Bu'r profiad o berfformio *Ymweliad yr Hen Foneddiges*, Dürrenmatt, yn Eisteddfod Genedlaethol Wrecsam gyda phobol o bob oed o ardal Penllyn yn brofiad unigryw. Dyma'r cyfnod pan oedd y rhan fwyaf o gwmnïau yn perfformio dramâu 'cegin' fel y'u gelwir, ond roedd Buddug ymhell o flaen eraill o ran syniadau llwyfannu. Roedd dramâu Buddug yn lliwgar ac yn fyrlymus gyda setiau anhygoel o dan ofal Gareth Owen, a defnyddiai rostra o bob math i greu lefelau gwahanol a diddorol. Roeddem yn rhedeg i'r llwyfan o bob cyfeiriad posib er mwyn creu bwrlwm a chadw diddordeb y gynulleidfa. Roedd y dramâu yr un mor fyrlymus a lliwgar â B.J. ei hun!

Wrth edrych yn ôl 'alla' i wneud dim ond chwerthin wrth feddwl am sut roedd y cyfan yn dod at ei gilydd. Doedd dim ymarfer gwisg nac ymarfer technegol swyddogol, yn amlach na pheidio y perfformiad cyntaf oedd yr ymarfer technegol! Y cof mwyaf doniol sydd gennyf yw'r cof am Buddug wastad ar ei phengliniau yn y 'wings' gyda sgript yn barod i bromptio!

Bydd y profiadau o deithio o amgylch gwyliau dramâu yn aros gyda mi am byth! Teithio i Bontrhydfendigaid, Eisteddfod Powys a'r Foel ac i bob cystadleuaeth ddrama yn Eisteddfod yr Urdd am flynyddoedd. Roedd y profiad o berfformio a chael llwyddiant yn arbennig ond roedd y wir ddrama yn digwydd wrth i Buddug geisio cael trefn a mynnu ei ffordd gyda phobol cefn y llwyfan a'r trefnwyr!!

Erbyn hyn, a minnau yn athrawes Ddrama fy hun, rwy'n ymwybodol iawn o'r dylanwad a'r profiadau a gefais i gan Buddug, a'r hyn y gallaf ei obeithio yw fy mod i bellach yn gallu ceisio parhau i fagu diddordeb yn y ddrama, a rhoi'r brwdfrydedd a'r profiadau hynny i ddisgyblion heddiw.

**Diolch, Buddug.**

# Gwahanol ...
## Atgofion Rhian Williams, Y Bala

### Cyfnod 1 — Anti Buddug

Mynd yno i gael ein gwarchod, Dyfed, fy mrawd hŷn, Elen, fy chwaer iau, a minnau, yr un yn y canol. Ifanc iawn oeddem ond mae gennyf gof ein bod ni wedi cael bwyta cymaint o sglodion ag roeddem eisiau, ac roedd hynny yn hynod wych ar bob cyfrif yr adeg honno!

Cofio Wncl John yn herio Elen gan ei galw'n 'Wini Wews' ac Anti Buddug yn llawn o'r 'Jiw, jiw'. Dw i'n siŵr inni eistedd yn Volvo brown Wncl John a chogio mynd yn bell, i unrhyw le y mynnem. Cofio lliwie lliwgar a thŷ gwahanol yr olwg – popeth yn gyffrous, newydd a gwahanol, gyda llygaid disglair a gwên Anti Buddug yn coroni'r cyfan.

### Cyfnod 2 — Mrs Buddug James Jones, athrawes Chwaraeon a Drama

A dyma fi yn Ysgol y Berwyn, yn cael gwersi Chwaraeon gan Mrs B. J. Jones. Athrawes a oedd yn wahanol i'r gweddill, ar y cyfrif cyntaf gan ei bod yn dysgu pwnc 'cŵl' Chwaraeon – mynd â ni allan i'r awyr iach – pêl-rwyd, hoci, rownderi, rhedeg trawsgwlad a dawnsio creadigol – grêt! Ond athrawes arbennig i nifer o fy nghyd-ddisgyblion gan ein bod yn gallu siarad gyda B.J., a hynny ar unrhyw adeg ac am unrhyw beth. Roedd hi'n un ohonom ni.

Wedyn, yn athrawes Ddrama. Roedd hi bob amser gyda mwy o egni nag unrhyw ddisgybl – ac roedd ganddi lot fawr iawn, iawn o amynedd. Cael gwersi drama yn y neuadd a chael cymaint o hwyl, does bosib mai gwaith oedd hwn?

Ymuno gyda'r criw perfformio a theithio wedyn o amgylch y wlad. Cael canmoliaeth gan bawb a welsom a diolch mawr gan B.J. am ein gwaith – roedd yn hwyl, roedd B.J. yn ei wneud yn hwyl. Cynilo arian i brynu anrheg o ddiolch iddi – "Jiw, jiw," yn codi ei ben, "do'dd dim isie".

**Buddug James:** Brenhines y Ddrama

# Cyfnod 3 — Budd — fy ffrind

Cyrraedd 'nôl yn Y Bala fel athrawes Ddrama. Pwy a ddaeth i'm gweld yn yr wythnos gyntaf ond Budd. Roeddwn bob amser wedi meddwl y byd ohoni a dyma'r cyfnod y daethom yn ffrindie.

Daeth i drafod Drama TGAU a Lefel A yn wythnosol. Rhannu llyfrau a nodiadau di-ri – roedd y Llyfrgell Genedlaethol, Aberystwyth, yn ei gweld yn aml! Roedd ei gweld yn ysgogi'r ysbryd ac yn llawn hwyl – er nad oedd yr amseriad ddim bob amser yn siwtio!

Potel o win fin nos wedyn. Rhoddodd sylw mawr i'r meibion, Arthur a Mabon. Eisteddodd mewn bocs anferthol o deganau gyda Mabon am amser maith yn chwarae gemau – ac roedd yn gymaint o hwyl ei gweld. Roedd B.J. bellach yn rhan o'r teulu.

Bob amser yn holi am I.B., fy nhad: bob amser gyda stori neu ddwy amdano a hithau. Roedd ganddi feddwl y byd ohono.

Teithio wedyn i ambell gwrs addysgiadol gyda hi – a dyna oedd hwyl. Parcio unwaith ym Maes Parcio Theatr Clwyd – i mewn i gar arall. Yr hen 'Jiw, jiw' yn codi ei ben – dw i'n siŵr fod y ffaith nad wyf yn gyrru yn gysur mawr imi ar amseroedd fel hynny! Nid oedd Budd wedi ei chofrestru yn ffurfiol ar ddim un o'r cyrsiau, ond croeso mawr a gwên a gafodd bob tro. Dianc i siopa amser cinio oedd yn grêt – wrth ein boddau bob amser.

Taith wedyn i Frwsel. Huw Dylan Jones wrth yr helm. Budd wrth ei bodd – cyrraedd y gwesty a llofft i bedair ohonom, a dyna lle'r oedd hi gyda'i choesau yn yr awyr yn beicio fel ffŵl! Nid oedd Bethan Jones (Owen gynt) a minnau yr un mor egnïol ond chwerthin yn braf a wnaethom. Ymunai â phob gweithgaredd yn egnïol a chyda gwên.

Ambell daith i Lundain wedyn – diflannu ar ei phen ei hun a wnâi. Un tro glaniodd yng nghanol y sioe *Les Miserables* wedi bod yn chwilio am ryw ddramâu. Roedd hi wedi gweld y sioe droeon o'r blaen – 'boring' a 'hirwyntog' iddi hi, wir!

Teulu mawr mewn nifer o ardaloedd gwahanol oedd ganddi – yn canmol y croeso ym mhobman ac yn llawn storïau bob amser am wahanol gymeriadau. Ond hi oedd y cymeriad mwyaf lliwgar yng nghanol y cathod, y tatws, y moron, yr wyau.

Buaswn wedi gallu dweud unrhyw beth wrth Budd, roedd hi'n fy neall i'r dim.

**Diolch Budd, B.J., Anti Budd.**

# Gan Rhydian Mason, Trefeurig

Roedd Buddug James Jones yn fenyw ryfeddol. Roedd yn byw gyda'r cathod ym Mryngwyn Canol. Roedd ei char yn ofnadwy, y Metro bach gwyn, ac er ei fod e'n yfflon roedd e'n rhyfeddol o chwim. Ac yn y car bach roedd ei 'filing system' – stwff 'in' ar y sêt flaen, a stwff 'owt' ar y sêt gefen … Ysgrifennwyd ychydig linellau iddi pan ymddangosodd ar 'Halen y Ddaear'. Anodd iawn meddwl mai yn y 'gorffennol' mae'r llinellau yna nawr, a Buddug mor fyw yn ein cof. Fel cyn-aelod o glwb Ffermwyr Ieuainc Tal-y-bont, Ceredigion, ac arweinydd i'r clwb hwnnw (fel yr oedd Buddug flynyddoedd yn ôl), rhaid procio fy nghap iddi am ei hymroddiad, ei hamynedd, ei gwybodaeth, ac yn bwysicach na dim, ei nonsens plentynnaidd, pryfoclyd, a oedd bob amser yn dadlau gyda'i hoedran a'i haeddfedrwydd. Y cyrten wedi cau – ond fel arfer dyna pryd mae'r partïo'n cychwyn … So long, B.J.!

**Buddug James:** Brenhines y Ddrama

## Noson 'Halen y Ddaear' (2003)

Dyma'r penillion a gyflwynwyd. Roedd y noson ar gyfer Buddug a hefyd Mair (a oedd yn helpu'r plant i adrodd yn lleol).

Mae pob peth yn y penillion yn seiliedig ar straeon gwir (ac eithrio'r stori am y gath yn y rhewgell).

### B.J.

Halen y Ddaear!

Wel, dyna i chi noson i'w chofio yw heno,
A'r neuadd yn orlawn – a dyna i chi'r piano!
A dan ni i gyd yma nawr i ddiolch o galon
I Mair a B.J. o waelod ein calon.
Y gyfrinach yn fawr a neb 'di dweud gair
Am y noson wrth Buddug nac ychwaith wrth Mair:
Felly dyma ein testun i chi i gyd yma nawr –
'Joiwch y noson' – ma'r noson yn fawr.
Mae'r ddwy yma'n haden, waeth cyfadde'r gwir
Ac er nad yn ddiniwed – mae'u calonnau nhw'n bur.
Yn helpu pawb oll, ceisio eu gore,
Waeth beth bynnag yr amser – boed yn hwyr neu yn fore.
Jyst bod un broblem fach gyda B.J. –
Mae hi'n *useless timekeeper* – byth *precise time of day.*

Mae ei char yn uffernol! Y Metro bach gwyn,
Ac er nad yn fawr, mae'n rhyfeddol o chwim –
Hynny yw, os yw'n starto – sy' ddim wastad yn hawdd
(mae' fel arfer 'di parcio yn dynn wrth y clawdd);
Y *panels* 'di rhwdu – y *big ends* wedi mynd,
Ac am y 'carb-retyr' – *It should have been binned*!
Modurdy Davmor sy'n diawlio wrth weld yr holl ddamej
Bob tro ma' B.J.'n dod â'r Metro i'r garej.
Ch'wel, ers prynu'r car bach, dyw e byth 'di cael *wash*,
(Dydi B.J. ddim fel yna yn *posh*).
Ma' hynny yn amlwg wrth weld ei *filing system*
Stwff 'IN' ar sêt flaen, a stwff 'OUT' ar y cefen;
Ac am gynnwys y *boot*, 'sdim neb lot yn rhyw siŵr,

**Buddug James:** Brenhines y Ddrama

A dim bo' Buddug yn deit, ond 'eith dim mwy na phumpunt ar betrol
Wrth deithio bob dydd o ysgol i ysgol;
A'r rheswm am hyn, nid bod pethe'n wael yn y banc,
Ond ma' yffarn o dwll yn y petrol tanc.
As os llenwith hi ormod, yn uwch na'r twll,
Mi bisith y petrol mas o'r Metro mewn pwll.
A dim 'na'r unig broblem sy' da'r hen gar bach
Ond y diwrnod o'r blaen gath e yffach o strach;
Ar *junction* wrth Brithdir, pan stolodd y cerbyd,
Reit ar y *patch* serth, wel, O! 'na chi enbyd!
Y *clutch* ballodd gydio, wedi bron â rhoi fyny,
Rhaid rifyrso yn ôl a mynd rownd i Ddolgellau.

Ond nid y car yn unig sy'n achosi trwbwl,
Ma' Buddug bach ni yn un sy'n denu pob sgandal.
Glywsoch chi sôn am ei moment fach hagar,
Pan gafodd ei dal yn y bedrwm 'da Gwynant Elgar?
Yn ôl yr hen Fuddug roedd yn foment o wendid,
(Biti na fase na Gamera Candid).
Chi'n gweld, roedd B.J. yn newid i fynd mas,
Hi fel arfer yn hwyr, yn 'ymbincio' ar ras,
A'i braich hi mewn plastar, yn tynhau belt oedd yn *loose*,
Ac wrth adael y bedrwm, daeth y *nob off* y drws.
Wel, dyna i chi banic, dim ffordd i fynd mas –
Meddyliodd B.J.: "Dyma foment fach gas."
Edrychodd am dwlsyn i'w rhyddhau hi o'r carchar,
A dyma pan gyrhaeddodd *pick-up* coch Gwynant Elgar.
Felly dyna, meddai hi, oedd cychwyn y stori
Am Gwynant yn crwydro – am le newydd i bori.

**Buddug James:** Brenhines y Ddrama

Cathod bach sy' fel arfer yn gwmni arferol
Ar nosweithiau 'dibractis' ym Mryngwyn Canol.
Ma' un ohonyn nhw'n ddall, un arall yn rhwym,
Un arall yn chwysu'n ddi-baid, mae mor dwym!
Un bach arall sydd wedyn yn gloff ac yn drewi,
Ac un arall yn solid yn y *freezer* 'di rhewi.
Ond un fel'na yw Buddug – 'chydig bach yn wahanol,
Yn byw gyda'r cathod ym Mryngwyn Canol.

Ond i ddod 'nôl at ein pwynt, mae B.J. yn enigma.
Mae ganddi ryw agwedd sy'n creu ei charisma.
Ffrind pawb oll yn yr ardal – ma' hi'n fenyw a hanner,
Mae ei sôn yn *Y Tincer*, *Papur Pawb* a'r *Faner.*
Dan ni'n falch iawn ohoni, ac ma' pawb yn unfrydol
Fod Buddug James Jones yn fenyw ryfeddol.
Felly wrth gloi pen y mwdwl, rhaid galw'n ffri,
Diolch B.J. – Diolch o galon i chi.

**Rhydian Mason,**
**aelod o Glwb Ffermwyr Ieuainc Tal-y-bont, Ceredigion**

Un o'r ceir enwog a welwyd yn 'piciad' yma ac acw

**Buddug James:** Brenhines y Ddrama

# Teyrngedau oddi ar y We

### Peter Leggett, Dole

Cymeriad heb ei hail oedd B.J. a gyffyrddai â chalon pawb a ddôi ar ei thraws hi. Colled i ardal, ac, yn wir, i genedl. Hwyl a sbort oedd yn ei chwmni bob tro a'i doniau wedi gadael eu hôl ar nifer o bobol, hen ac ifanc. Ni fydd Dole 'run fath hebddi, ac rydym yn gweld eisiau'r Metro gwyn (*filing cabinet*) yn gwibio trwy'r pentref fel mellten! Parod iawn ei chymwynas bob tro. Pob bendith, B.J.

### Osian Edwards, Aberllefenni, ger Machynlleth

Heb diwtoriaeth B.J. ni fuaswn wedi dal ati gyda drama gymaint ag rydw i heddiw. Hefyd, ni fuaswn wedi ennill gwobrau ar lwyfannau eisteddfodau sir na'r Genedlaethol, ar faes y Faenol. Colled enfawr i fyd y ddrama yng Nghymru, ac i blant a phobol ifanc sawl ardal – Y Bala, Bro Ddyfi a Bow Street, i enwi dim ond rhai. Diolch, B.J., am fod yn chi eich hun. Gwyddai pawb a oedd yn ei hadnabod am beth rwy'n sôn.

### Cerolyn, Bordeaux

Diolch, Buddug, am eich cymorth ac am eich egni diderfyn dros y blynyddoedd. Roeddech yn ffrind annwyl ac rydych yn gadael gwagle mawr ar eich ôl yn ardal Aberystwyth.

### Rhian Dobson

'Na'i fyth anghofio B.J. Bydd colled enfawr ar ei hôl yng Ngogledd Ceredigion. Llawer o atgofion da – mynd i wyliau drama'r Bont a Chorwen ac i gystadlaethau'r Urdd gyda chwmni ifanc Licyris Olsorts. Torri i lawr yn y car bach gwyn ar ôl bod yn actio'n Felin-fach a chael andros o help efo'r TGAU a'r lefel A. Ro'n i'n mwynhau yn ei chwmni, yn gwrando ar ei straeon di-ri ac yn rhoi'r byd yn ei le dros baned o de. Ar hyn o bryd dwi'n astudio Theatr a'r Cyfryngau ym Mhrifysgol Bangor – ac mae'r diolch am hynny i B.J.

### Ian Lloyd

Colled fawr, cofio'r hwyl, cofio'r dysgu, cofio'r ymroddiad llwyr. Erbyn hyn dwi'n athro Drama pitw a Buddug 'na'th agor y drws.

**Buddug James**: Brenhines y Ddrama

Y Cwmni yn Llanfair Caereinion adeg
Eisteddfod Genedlaethol Maldwyn a'r Gororau,
Meifod 2003

**O'r chwith:** Aled Llŷr, Siôn Pennant, Janet Roberts, Rhodri Davies, Nia Thomas, B.J., Rhiannon Roberts, Glyn Jones, Bet Evans, Peter Leggett.

**Buddug James:** Brenhines y Ddrama

# Rhan o enwebiad Buddug James Jones ar gyfer Medal Syr T. H. Parry-Williams Ionawr 2005 ...

## Gwaith Gwirfoddol ymhlith Pobol Ifanc

\*    Clwb Ffermwyr Ieuainc Tal-y-bont a'r Cylch – B.J. yw'r Llywydd am y tymor 2004/05. Un o'r arweinyddion ers chwe blynedd – helpu i hyfforddi dramâu. Enillodd cynhyrchiad o'r ddrama *Salmon Ela* y gystadleuaeth ddrama yng Ngheredigion, a thrydydd yng Nghymru yn 2004.

   Mae'n ysgrifennu ac yn hyfforddi eitemau i'r Eisteddfod fel ymgom, sgets, deuawd doniol, hanner awr o adloniant yn ogystal â mynd â chriw o'r clwb i ddiddanu cymdeithasau a mudiadau megis Merched y Wawr yn ardal Aberystwyth.

\*    Cynnal cwmni drama i ieuenctid oed ysgol uwchradd – Licyris Olsorts Bach, neu 'Doli Mixtures' a 'Jeli Bebis' fel y cyfeirir atynt. Cyfarfod yn gyson bob prynhawn dydd Sul yn Neuadd Rhydypennau, Bow Street – un criw am bedwar, un arall am bump ac eto am chwech! Cystadlu yn Eisteddfod yr Urdd, a chystadlaethau ieuenctid y gwyliau drama, er enghraifft, Gŵyl Ddrama Pontrhydfendigaid.

- Arolygwraig ac athrawes Ysgol Sul yng Nghapel y Garn, Bow Street.

- Hyfforddi disgyblion at arholiadau TGAU a lefel A mewn Drama – Ysgol Bro Ddyfi, Tywyn, cwrs allanol ym Mhenweddig a helpu yn wirfoddol hefyd yn Ysgol y Berwyn. Aiff â'r rhai sy'n gwneud drama mewn ysgolion a'r rheini sy'n perthyn i'r clwb drama i Lundain yn rheolaidd i weld perfformiad, yn ogystal â Theatr y Werin a Theatr Mwldan. Mae ganddi ddiddordeb mawr mewn ysgrifennu sgriptiau a sgetsys byr.

- Cyn hyn, yn ardal Penllyn y gwelir ei llafur ymysg pobol ifanc – byddai galwadau mynych arni i hyfforddi dawnsio gwerin mewn aelwydydd a chlybiau gwerin, ac roedd ganddi barti clocsio a oedd yn cystadlu'n fynych ac a berfformiodd ym Mhortmeirion.

- Bu'n symbyliad i laweroedd o blant i fynd i wersyll yr Urdd, Llangrannog, yn ogystal â mynd â chriwiau o blant i wersylla am benwythnos i Eryri ac ardaloedd eraill.

# Buddug
## gan Rhian Staples

Profiad od oedd angladd B.J. Er fy mod yn gwybod ei bod wedi ein gadael, er i mi ddarllen ei henw ar flaen taflen y gwasanaeth, er i mi, ynghyd â thorf lew, fod yno yn un swydd i'w choffáu, yr oeddwn i'n rhyw hanner disgwyl (efallai mwy na hanner) iddi gyrraedd yn hwyr mewn hen dracsiwt a oedd wedi gweld dyddiau gwell a siwmper fawr goch. Ond, am y tro cyntaf, 'ddaeth hi ddim.

'Alla' i ddim cofio cyfnod pan nad oeddwn i'n ymwybodol o B.J. Wrth i Dad gymryd rhan ac wrth i Mam wnïo yn y cefndir, byddwn innau yn ei gwylio hi'n ymarfer pasiant mawr Capel Tegid – i mi roedd mor epig â ffilmiau MGM, wrth i'r sêt fawr ddiflannu dan lwyfan pren ac i Jeriwsalem a Gethsemane ymddangos gerbron pobol Y Bala. Erbyn y pasiant nesaf y fi oedd y gaethferch fach a gafodd ei gwerthu yn ymyl camel y Pedwerydd Brenin, wedi fy mhaentio o 'nghorun i fy sawdl mewn colur du ac yn mwynhau pob eiliad ar y llwyfan. O hynny ymlaen fe dreuliais oriau yng nghwmni'r hen B.J. wrth iddi ein tywys o ŵyl ddrama i ŵyl ddrama ac o 'steddfod i 'steddfod. Gyda'r set mewn lori wartheg a ninnau yn y bws mini fe aethom yn griw dedwydd o Bontrhydfendigaid i Bwllheli, o Gasnewydd i Gorwen, ac o'r Rhyl i Rydaman gan gyrraedd adref yn oriau mân y bore wedi ennill, gan amlaf!

**Buddug James:** Brenhines y Ddrama

Ennill y bydden ni gan ein bod ni'n ymarfer gymaint a chan fod ganddi hithau afael mor gadarn ar ei chrefft. Doedd dim iws trio colli ymarfer ac os oedd aelod o'r cast am fynd ar gwrs Drama'r Urdd i Fangor, yna fe fyddai'n rhaid i'r gweddill ohonom ddringo i'r hen gortina a theithio yno i ymarfer yng Ngholeg y Normal – doedd dim yn mynd i rwystro datblygiad *Y Dyn yn y Goeden*.

Ac felly, dyma fi, yn dysgu Drama yn Ysgol Gyfun Rhydywaun ac yn synnu wrth feddwl am y cynyrchiadau y cefais i gyfle i fod ynddynt, y teithiau i Lundain a thramor a'r amser oedd gyda hi i bob un ohonom ni. Oedd, roedd hi'n gweiddi, oedd, roedd hi'n neidio i fyny ac i lawr, ond y tu ôl i bob gwaedd a phob naid roedd ei bwriad i'n cael ni i lwyddo ar y llwyfan ac i ddysgu ein crefft yn iawn. Ar ddechrau Rhagfyr fe siaredais, er na wyddwn hynny ar y pryd, am y tro olaf gyda B.J. Roedd hi eisiau gwybod am ddramâu addas ar gyfer ei chweched dosbarth!

Oedd yr oedd hi'n dal i fynd, yn dal i egino diddordeb ieuenctid Cymru yn y ddrama. 'Wn i ddim o ble y cafodd hi ei hegni, fe hoffwn i gael rhyw ddwy owns ohono nawr ac yn y man!

Yn ei hangladd fe ddywedodd sawl un o'r pulpud eu bod yn gresynu na chafodd Wobr T. H. Parry-Williams gan yr Eisteddfod. Gresyn yn wir. Er hynny yr oedd y degau ar ddegau a ddaeth i'w hangladd, o bob cenhedlaeth – o'i chwmni drama cyntaf i ddisgyblion ifanc yr Ysgol Sul lle bu'n athrawes – yn deyrnged ddidwyll i'w dylanwad ar ieuenctid Cymru am dros hanner can mlynedd. Diolch, B.J.

**Buddug James:** Brenhines y Ddrama

# Buddug
**Gan Rhian Haf Evans**

Mae angladd Buddug James Jones, Bryngwyn Canol, ar Ionawr 14, 2006, yn parhau'n fyw iawn yn y cof. Mae'n siŵr fod cofio manylion angladd yn swnio'n beth od ac amhleserus, ond eto roedd hwn yn angladd unigryw, yn llawn chwerthin i goffáu gwraig unigryw. Roedd ei hangladd, fel hi ei hunan, fymryn yn wahanol i'r arfer. Prin y gellir meddwl am Buddug heb feddwl am liwiau llachar wedi eu cymysgu'n un palet mawr anniben – y 'sanau bob lliw, trowsus coch neu binc a chôt *fleece* melyn i orchuddio'r cyfan. Heb amheuaeth roedd Buddug yn gymeriad lliwgar, llawn egni ac yn wahanol i unrhyw un arall dwi wedi ei adnabod erioed.

Roedd ei diwrnod yn un prysurdeb mawr wrth iddi roi o'i hamser i ieuenctid yr ardal. Un ar frys fu Buddug er nad oedd cadw amser yn bwysig iddi. Byddai'n hwyr i bractis yn aml, er nad oedd hwnnw yn ffaeledd mawr yn fy llygaid i fel y gall y sawl sy'n fy adnabod yn dda ddychmygu. Fel Buddug rwyf innau wedi dilyn cloc personol nad oedd byth cweit ar yr amser iawn! Pwy a all anghofio'r troeon pan fyddai pawb ohonom yn disgwyl clywed sŵn y car yn dod am neuadd Rhydypennau cyn cael ei barcio'n ddiseremoni rywsut rywsut o flaen y drws? Byddai stori liwgar wedyn am ddigwyddiadau'r dydd a hwnnw'n aml yn cynnwys sawl drama wrth deithio ar hyd priffyrdd canolbarth Cymru!

Deuthum i adnabod Buddug yn dda trwy ei chysylltiad â Chlwb Ffermwyr Ieuainc Tal-y-bont a Chystadleuaeth Ddrama'r mudiad yn arbennig. Er mai hyfforddi oedd swyddogaeth Buddug, roedd yn fwy o ffrind na dim arall. Erbyn i ni fel aelodau ddod i'w hadnabod roedd yn ei chwedegau hwyr, ond eto roeddem ni fel pobol ifanc yn ei gweld bob amser fel un ohonom ni. Roeddem yn edmygu ei gallu trwy'r cyfan i fod yn hi ei hunan heb deimlo'r rheidrwydd a ddaw i bob un ohonom yn ein tro i gydymffurfio a chyfaddawdu gyda rheolau a threfn arferol pethau. Roedd yn bryfoclyd ei hanian ac yn barod i ymuno yn ein nonsens plentynnaidd bob amser. Dyna oedd ei chryfder a'i gwendid fel cynhyrchydd drama.

**Buddug James:** Brenhines y Ddrama

Yn ôl yn y flwyddyn 2000 bu'n cynhyrchu criw ohonom yn y ddrama *Cyfiawnder o Fath*, drama ddifrifol am effaith rhyfel yn gorfforol ac yn emosiynol ar bobol. Ond fel gyda chymaint o hanes Buddug a'r clwb, bu mwy o ddrama o gwmpas yr ymarferion a'r perfformiadau nag a fu yn y ddrama ei hun! Yn dilyn Cystadleuaeth y Sir, a'r siom o fethu cyrraedd yr uchelfannau o ran gwobrau, penderfynodd Buddug ein bod yn mynd â'r ddrama o gwmpas gwyliau drama Cymru. Mae'r trip a gafwyd i gystadlu dros ddeuddydd yng ngwyliau drama'r Groeslon a Môn a saga'r aros yng nghartref Menna Medi yn y Groeslon ac mewn gwesty ym Mhorthaethwy bellach yn rhan o chwedloniaeth y clwb. Ceisiwyd claddu'r ddrama honno droeon, yn wir medrwn daeru ein bod wedi ei chladdu fwy nag unwaith ond bod Buddug wedi cymell mwy nag un atgyfodiad!

Ond fel y gŵyr pawb a fu'n aelod o un o'i chwmnïau drama, roedd dweud 'na', a pheidio â pherfformio ymhob man, yn wrthun i gymeriad Buddug. Roedd wedi mabwysiadu dull cyfrwys ac effeithiol o'n cael i gytuno i berfformio *Cyfiawnder o Fath* un tro arall! Byddai yn ein ffonio o un i un, a ninnau yn ein tro yn ceisio'n gorau i ddweud ein bod yn rhy brysur i fynd â'r ddrama i ŵyl arall yn y fan a'r fan, ond byddai Buddug yn bwrw ati yn fy hanes i, i ddweud fod Wyn Fronfraith Fach neu Rhydian Mason wedi addo gwneud yn barod ac mai fi fyddai'n gadael y gweddill i lawr. A hwythau yn yr un modd yn cael gwybod fod Rhian Glanrafon wedi cytuno'n barod. Erbyn dod oddi ar y ffôn fe fyddai pob un ohonom wedi cytuno i'w pherfformio unwaith yn rhagor er mwyn pawb arall! Rhaid cyfaddef fod hyn wedi codi gwrychyn nifer ohonom ar y pryd ond erbyn hyn dwi'n gallu edrych yn ôl yn ddiolchgar am gael ymweld â chynifer o wyliau ac am y sbort a gafwyd yn eu sgil.

**Buddug James:** Brenhines y Ddrama

Heb amheuaeth bu ein llwyddiant gyda'r comedi *Salmon Ela* yn 2004 yn uchafbwynt yn hanes Buddug a Chlwb Tal-y-bont. Roedd ennill Cystadleuaeth Adloniant Ceredigion am y tro cyntaf yn hanes y clwb yn achos dathlu a chafwyd noson gofiadwy yn dilyn y cystadlu yn y Vale, Felin-fach, a Buddug yn ei helfen yn ymuno gyda'r canu a'r rhialtwch. Yn dilyn y llwyddiant sirol buom yn cystadlu ar lefel Cymru yn Harlech gan gipio'r trydydd safle, er bod Buddug yn sicr ei barn mai ni a ddylai fod wedi ennill! Roedd hi'n gymeriad cystadleuol iawn ac yn casáu colli, ac roedd beirniaid annigonol yn aml yn destun sgwrs. Pur anaml y bydd Clwb Tal-y-bont yn methu ar gyfle i gymdeithasu a chael hwyl, a dyna fu ein hanes yn dilyn y cystadlu yng Ngwesty Dewi Sant, Harlech, a Buddug wedi gwirioni'n llwyr ar y dathlu mawr a fu yn y bâr wedi'r cystadlu. Roedd wrth ei bodd yng nghwmni pobol ifanc ac yn fythol ifanc ei hysbryd hyd y diwedd. Byddai'n cyfeirio'n aml at y sbort a gafwyd yn yfed Harlech yn sych o Baileys ac am y drafferth ryfedd gafodd wrth fynd i fyny'r staer ac wrth chwilio ei hystafell wely'r noson honno!

Rydw i a nifer o aelodau a chyn-aelodau eraill o'r Clwb yn ddyledus iawn i Buddug am y cyfleoedd a'r profiadau arbennig a gafwyd yn ei chwmni. Braint fu cael ei hadnabod a chollwyd ffrind triw a hynod o ffeind wrth golli Buddug.

# Ffermwyr Ieuainc Tal-y-bont yn Eisteddfod Genedlaethol Casnewydd, 2004

**O'r chwith:** Geraint Jenkins, B.J., Siôn Glyn, Steffan Nutting, Eleri James, Carwyn Thomas, Nia Jones, Aled Llŷr, Rhian Evans, Catrin Jenkins, Gareth Jenkins.

**Buddug James:** Brenhines y Ddrama

# Cofio Buddug
### (yn yr ymarfer cyntaf ar ôl ei cholli)

Mae'r cwmni yma'n gryno
A'r llwyfan yn goleuo,
Ond Buddug annwyl – O mor chwith –
Ni ddaw i'n plith ni heno.

Gwyn fyd pe clywn-ni danchwa
Ei char yn cyrraedd yma,
A'r esgus roddodd lawer gwaith –
'Helbulus daith o'r Bala!'

Y bwndel byw o egni,
Y bwrlwm llawn o ynni
A ddôi i'n canol, mawr ei dawn,
Yn llawen iawn i'n llonni.

Gwae ni na chawn ei gweled,
Gwae na chawn mwyach glywed
Ei chlod i hon a'i barn am hwn
A'i phiniwn uwch ei phaned.

Ar lwyfan ardal gyfa'
Bu'n ddiwyd hyd ei gyrfa:
Mor drist oedd gweled gostwng llen
Pan ddaeth i ben ei drama.

Pa neges roddai heno
I ni, y cwmni cryno?
'Na laeswch ddwylo', fyddai'i chân,
'Ewch 'mla'n – fel tawn i yno.'

**Tegwyn Jones**

**Buddug James:** Brenhines y Ddrama

**Cwmni Licyris Olsorts yn cario 'mlaen**
**Medi 2006**

Er colli eu cynhyrchydd mor ddisymwth ddechrau mis Ionawr eleni penderfynodd y cwmni gario ymlaen er cof am Buddug.

Aed ymlaen i gystadlu gyda'r ddwy ddrama yr oedd hi wedi eu dewis ac wedi dechrau eu cynhyrchu cyn ei marwolaeth. Bu'r cwmni yn llwyddiannus mewn amal i ŵyl. Cafodd y ddrama *Gwisga dy Ddillad, Clarisse!* yr ail wobr yng Ngŵyl Ddrama'r Groeslon ym mis Ebrill, yna y wobr gyntaf yng Ngŵyl Corwen ddechrau Mai. Yno hefyd y cipiodd Siôn Pennant wobr y prif actor am ei bortread o Ventroux yn y ddrama. Cafodd y ddrama ei dewis i gystadlu yn yr Eisteddfod Genedlaethol yn Abertawe a dod yn ôl gyda'r drydedd wobr.

Yng Nghorwen hefyd y cipiodd Catrin Jenkins wobr y brif actores dan bump ar hugain am ei phortread o Dwynwen yn y ddrama *Ôl Traed yn y Tywod*. Bu'r ddrama yma hefyd yn llwyddiannus yng Ngŵyl Ddrama Pontrhydfendigaid, gan gael y drydedd wobr.

Cafodd y cwmni wahoddiad i dalu teyrnged i Buddug yn yr Eisteddfod Genedlaethol eleni. Arweiniwyd y deyrnged gan y Parch. W. J. Edwards, a chymerwyd rhan gan Aled Llŷr a Rhian Evans (aelodau o'r cwmni), a hefyd Osian Edwards o Aberllefenni (un o ddisgyblion Buddug ym myd y ddrama).

Roedd pob sedd yn y Theatr Fach yn llawn.

**Buddug James:** Brenhines y Ddrama

# B.J.
## gan Andrea Parry

Hi oedd pia palet yr artist. Waeth pa sefyllfa bynnag, waeth pa mor 'boring' (chwedl B.J.) neu ddu a gwyn oedd rhywbeth – roedd B.J. yn berchen ar y lliwiau, a gallai eu taflu a'u cymysgu yn un sbloets i roi lliw a bywyd i unrhyw ddigwyddiad.

Y gwir amdani yw mai hi oedd y ddrama – ac roedd ei gwylio hi'n stwnsian o gwmpas ei phethe yn llawer mwy difyr na dilyn perfformiad ar lwyfan. Pwy ddywedodd erioed fod gormod o wahaniaeth oed? Roedd B.J. bron i hanner canrif yn hŷn na mi, ond bobol bach, roedden ni wastad yn ei chyfri yn un ohonom ni. 'Peter Pan' o athrawes, a dwi'n cofio sôn, wrth ddisgrifio B.J., ei bod hi tua 130 oed yn ein dysgu ni! Ond un fel'na oedd hi – bytholwyrdd, rhyw sefydliad a barhai am byth. Tra oedd nos yn dilyn dydd, tra oedd dŵr y môr yn hallt, tra oedd haul a glaw, roedd B.J. yno fel un o'r elfennau. Dw i'n cofio Mam yn rhoi llun a dynnodd o B.J. wrth bolyn pêl-rwyd ym mhumdegau'r ganrif ddiwethaf i mi, a doedd hi ddim wedi newid dim – gallaswn daeru bod yr un dillad ganddi, yr un steil, yn sicr. Anodd credu bod hyd yn oed yr angor mwya' cadarn wedi cael ei ddisodli.

Buddug James: Brenhines y Ddrama

Er ei bod yn byw ond megis tafliad pêl-rwyd i ffwrdd oddi wrthyf yn Y Bala, fel disgybl yn Ysgol y Berwyn mae'r cof cyntaf go iawn ohoni – fy athrawes Addysg Gorfforol. Roedd hi'n argoeli'n gadarnhaol – roeddwn i wrth fy modd efo Chwaraeon ac eisiau bod yn rhan o bob gweithgarwch yn y pwnc. Fel y digwyddai fod, criw o Saeson oedd yn y tîm pêl-rwyd gyda mi, a finne fel rhyw *odd one out*, felly daeth B.J. a finnau'n fwyfwy o ffrindiau. Saethwr oeddwn i ac roedden ni'n mynd ymhell ac agos i gael gêm a phob gêm – cyfeillgar neu fel arall – yn gystadleuol! Ennill oedd hanes y chwaraeon sawl tro, ond ar yr adegau hynny pryd na ddaethom i'r brig doedden ni byth yn colli ychwaith! Bai'r dyfarnwr, chwaraewyr eraill ddim yn deg, trac ofnadwy, rheolau anghywir, ac yn y blaen, oedd y ffaeleddau wastad yn ôl B.J., ac yn hyn o beth fe dynnai ni'n nes fel tîm ac ysgol! Yn gam neu'n gymwys fe'n magwyd i fod yn chwaraewyr gwledig yn ei ryffio hi dipyn bach ac yn wir un flwyddyn ni ddewiswyd neb o'r ysgol i dîm pêl-rwyd Gwynedd am eu yn bod rhy ryff – 'non-contact sport' cofiwch, pan mae'r dyfarnwr yn gwylio! Ond un peth a oedd gennym o ran agwedd at chwaraeon, a diolch i B.J. am hynny, oedd calon!

Yn ystod y tymor traws-gwlad mae gen i gof o redeg i Lanfor ac yn ôl a B.J. yn dilyn yn yr Hillman gyda'r ffenest (os oedd yna ffenest i'r car!) yn agored yn gweiddi ac yn ein hannog i ddal ati. Ffordd wahanol, bid siŵr, ond mae'n rhaid ei fod wedi gweithio gan imi gael cynrychioli Eryri yn Nhraws-gwlad Cymru. Yn un o'r rowndiau yn Nolgellau, roeddwn yn yr ail safle ac wrth nesáu at y llinell derfyn roedd B.J. yno efo'i hyfforddiant manwl, technegol a'i llef i'w glywed yn atseinio, "Rhed fel jiawl!" Miwsig i'r glust mae'n rhaid, ond mi wnaeth y tric, a llwyddais i basio'r un o 'mlaen i. Doedd y gloch byth yn dynodi dechrau a diwedd gwers i B.J. – rhyw deimar mewnol personol oedd ganddi ymhob peth a wnâi ac aros amdani roedden ni ar ddechrau gwersi a chael rhyw ffeit efo ffyn hoci yn y tywod! Dro arall yn barod am gêm bêl-rwyd, y pyst a'r chwaraewyr yn eu lle ond car B.J. wedi ei barcio (os gellir ei alw'n hynny!) ar ganol y cwrt! Sawl gwaith y bu rhyw ddisgybl neu'i gilydd yn ei ddreifio o amgylch y cyrtiau pêl-rwyd gan fod y goriad yn barhaol yn ei le! Doedd mannau parcio penodol yn dda i ddim i B.J. – byddai wastad yn parcio ple bynnag oedd yn gyfleus iddi hi ac wfft i bawb arall! Ciws mawr o geir a thagfeydd yn nhre'r Bala achos bod Buddug wedi neidio allan o'r car ar ganol stryd neu'n sgwrsio'n braf efo rhywun mewn car arall! Gadael ei char ar ganol brawddeg fel petai, yn barod am goma, ac ailddechrau. Gellir dadlau bod rheswm arall hefyd, yn ôl stad ambell gar – ni fyddai'n tanio heb wthiad!

Na, doedd ceir ddim wrth fodd B.J. – ond roedd fel petai rhyw ddiawlineb ynddi i gael hen gar rhydlyd, trafferthus bob tro! Y cortina rhydlyd brown oedd car y funud yn ystod ei blynyddoedd olaf yn Ysgol y Berwyn ac och a gwae, cafodd y car ei ddwyn a'i ddarganfod yn ochrau Amwythig. Ymateb B.J. Oedd "Jiw, jiw, shwt 'na'th o starto mor handi iddyn nhw!" A phwy erioed a welodd y blodau arbennig hynny efo teiars a *windscreen*? Ym Mryngwyn Canol roedd yna gar piws wedi ei barcio ers rhyw oes yn y shetin, a bellach roedd wedi tyfu yn rhan ohono! Ond bobol bach, roedd yna hwyl efo'r ceir amrywiol 'ma hefyd. Cofio un stori am gyfeilles iddi'n cael lifft dros Ddinas Mawddwy ac yn teimlo drafft dan ei thraed. Edrychodd i lawr a chodi'r darn pren dan ei thraed i weld y tarmac oddi tanodd. Car y Flintstones mae'n debyg! Ac roedd B.J. fel rhyw Tom a Jerry efo'r glas hefyd a hwythau yn ei stopio'n dragwyddol ynglŷn â'r car. Ei hymateb?
"Do you speak Welsh?"
"No."
"I have nothing to say to you then," cyn gyrru i ffwrdd gan adael y plismyn yn gegrwth yn ei gwylio'n diflannu ar ryw berwyl neu'i gilydd!

Yn haf y flwyddyn gyntaf yn yr Uwchradd fe aeth criw ohonom i aros i Ryd-ddu, roedd y bws mini dan ei sang a llond dyrnaid dros ben. Canlyniad – roedd yn rhaid i rai fynd yn yr Hillman efo B.J. Neidiais i ac eraill am y cynnig a sôn am hwyl a gawson ni yn tynnu ar B.J. trwy smalio na chyrhaedden ni dop gallt y coleg hyd yn oed. B.J. yn ei helfen yn un ohonom ni a hwyl a phryfocio plentynnaidd yn mynd â'i bryd. Aeth y car a'i lwyth i Ryd-ddu yn ddidrafferth a dyna brofiad a chyfle i weld B.J. mewn goleuni gwahanol – y person crwn fel petai, yr ychwanegiad at yr athrawes Chwaraeon. A 'chawson ni ddim mo'n siomi!

Ar noson rieni roedd ciw hir yn aros am B.J. a hithau yn ei helfen yn sgwrsio efo rhieni, nid am eu plant ran amlaf ond rhyw atgofion am ddrama neu'i gilydd, neu yn fy achos i – anifeiliaid. A dyna ni un diddordeb a oedd yn gyffredin eto – maen nhw'n deud na ddylech weithio efo plant nac anifeiliaid – heriodd B.J. hynny hefyd rywfodd, ac roedd hi mor gartrefol yn trafod hynt a helynt y praidd a'r cathod, y 'sbecldîs bach' ac ati. Roedd ambell gath dipyn yn wahanol i'r 'norm' ym Mryngwyn Canol a oedd yn teithio am dro yng nghefn y car i'r Bala bob yn hyn a hyn. Mae gen i gof piciad heibio Dole rhyw bnawn a Menna Medi yno. Croeso twymgalon fel arfer a chynnig paned a chacen. Finnau'n derbyn yn frwd ond Menna'n gwrthod! Llowcio'r gacen flasus efo hufen arni a thra oedd B.J. yn 'nôl rhywbeth neu'i gilydd Menna'n cyfaddef ei bod hi wedi gweld un o'r cathod hynny a oedd yn tisian ac yn anwydog yr olwg yn llyfu'r gacen funud ynghynt. Ta waeth, dwi yma i ddeud y stori!

Ond roedd gan B.J. wir gariad at yr anifeiliaid yma ac roedd hi'n deffro drwyddi pan oedd yn sôn amdanynt – yn wir pan gefais bedwar cwling bach o ŵyn Suffolk ryw flwyddyn a finnau hefyd wedi cymryd atynt a ddim eisiau eu gwerthu, mi gynigiodd B.J. roi lloches iddyn nhw. Felly Gŵyl Gerdd Dant Aberystwyth a dyma ni aml-dasgio. Llond bws mini o ddisgyblion yn mynd i gystadlu ar y parti Cerdd Dant a finnau yn eu hyfforddi yn dilyn mewn fan (ac un disgybl ychwanegol yn gwmni imi) efo trelar ar y cefn yn cynnwys y pedwar oen er mwyn eu gadael yn y Dole cyn mynd ymlaen i gystadlu!

Ond beth am brofiadau byd y ddrama lwyfan? Tasgau byrfyfyr a'n hudo i fyd afreal a rôi hyder inni oedd prif fwriad B.J. yn y gwersi drama cynnar hynny ym Mlwyddyn 7 ac mi fuon ni'n paratoi ymlaen llaw drwy fod yn *fish fingers* yn ffrio, pibonwy yn meirioli, côt ar hangar yn disgyn ac ati! A'r dewis anorfod wedyn yn TGAU – Addysg Gorfforol a Drama yn yr un golofn a rhaid oedd dewis un ar sail y llall. Addysg Gorfforol a aeth â hi ond pan oeddwn yng Ngholeg Meirion-Dwyfor dyma benderfynu gofyn i B.J. a gawn i wneud drama TGAU. A dyma sefydlu cyfeillgarwch i'w drysori. Yn hyn o beth roedd B.J. yn serenu, yn rhoi o'i harbenigedd, ei hamser a'i chymwynasgarwch fel y gwnâi efo sawl disgybl arall mewn ysgolion megis Tywyn, Bro Ddyfi, Penweddig ac ati. Doedd 'na' ddim yn rhan o eiriadur y ddynes ryfeddol yma a'i phwysau gwaith fel petai'n cynyddu wedi iddi ymddeol yn swyddogol! Ymlaen wedyn i wneud Lefel A Drama pan oeddwn yn y Brifysgol ym Mangor a rhyfeddu at allu B.J. ac yn arbennig felly y car bach i 'biciad' o'r Bala, i'r Dole, a hynny ar ôl bod yn y Llyfrgell Genedlaethol. Sawl gwaith yr agorais ddrws y ffrynt a gweld twr o lyfrau drama blith-draphlith mewn bag yng nghanol y glaw a hanner dwsin o wyau'r sbecldîs bach a llysiau ar eu pennau yn aros amdanaf?

Daeth yn amser yr arholiad ymarferol a rhaid oedd cael ymarfer ac mae'r cof yn fyw o B.J. a minnau yn cwarfod yn y car tu allan i Four Crosses, Brithdir, i gael rhoi popeth yn ei le. Petawn i'n bod yn onest, diwrnod neu ddau cyn yr arholiad terfynol roedden ni'n dwy yn dal i bendroni pa un o gymeriadau *Y Wers* gan Ionesco yr oeddwn am ei chwarae. Ar y funud ola' roedd y ddwy ohonom yn gwneud popeth, bid siŵr, ond dyna sut roeddem yn gweithio rhywsut!

Yr un modd yn 1999 cael cyfle i gystadlu am Ysgoloriaeth Bryn Terfel yn Llambed, pigo B.J. i fyny ar y ffordd, llungopïo sgript yn Aber ac yna rhoi'r symudiadau i Shirley Valentine mewn ystafell fach yng nghefn y llwyfan! Nid amharchu statws na safon roedden ni, jyst fel hyn roedden ni'n gweithio orau am wn i!

Corwynt ar fynd oedd B.J. – byth ar amser ond ag amser i bawb. Roedd y brys yma i'w weld yn ei llawysgrifen a'i sgwrs – roedd gan B.J. y ffordd fwyaf anhygoel o roi'r ffôn i lawr ar ganol sgwrs pan oedd hi wedi cael dweud ei dweud! Gwastraff amser ac egni oedd 'Hwyl fawr'!

Roedd hi'n glên ryfeddol a gallech chi ddweud rhywbeth wrthi yn hollol ddiffuant. Sawl gwaith brynodd hi bysgod a sglodion i ni ar ôl rhyw gystadleuaeth neu'i gilydd?

Oedd, mi oedd hi'n wahanol – y gegin gefn streips coch, du a gwyn!

Oedd, mi oedd hi'n hwyr, yn anhrefnus, yn plygu os nad torri rheolau! Ond roedd ei chwit-chwatrwydd hi'n rhan o'r atyniad! Ond yn bennaf oll, roedd hi'n B.J., ac mi dorrwyd y mowld wedi dyfodiad y fenyw ryfeddol yma!

Ceisiodd gystadlu yn Eisteddfod Casnewydd ar yr eitem ddigri drwy gyrraedd y Babell Lên ar gyfer y rhagbrawf heb sgript yn y byd, gan gredu, yn ôl ei harfer, y dôi'r sgript wrth iddi fynd yn ei blaen. Ar sawl achlysur roedd sgets neu wasanaeth yng Nghapel y Garn wedi cychwyn a B.J. yn dal wrthi yn 'sgwennu nodiadau a'u rhoi i'r rhai a oedd yn cymryd rhan. Dyna nodwedd arall – 'wyddai neb be' ddôi nesaf ganddi!

Mewn un gystadleuaeth drama ddigri cafodd John Griff ei sodro yn y gynulleidfa gyda'r cyfarwyddiadau i chwerthin mewn mannau penodol. A do, bu i J.G. weryru chwerthin dros y lle … yr unig un a oedd yn gwneud hynny, a chafwyd cyfeiriad at yr ymgais aflwyddiannus yma i ddylanwadu ar y beirniad a'r gynulleidfa yn y feirniadaeth. Ond hi pia'r 'last laugh' unwaith eto!

Petai gennym ddim ond canran fechan o'i thalent, ei chymwynasgarwch, ei hwyl a'i chythrel, ei hawch a'i hegni, ei gwybodaeth am y ddrama a'r ysbrydoliaeth i feithrin to ar ôl to, mi fuasem yn ffodus dros ben.

Diolch yn dalpiau B.J. – Brenhines y Ddrama!

Ydi, mae'r ddrama'n parhau,
ond heddiw un actor yn brin.
Ac mae hynny gymaint gwaeth.

B.J. a'r ddiweddar Glesni Davies, Sarnau, Y Bala (cyn-ddisgybl) mewn cystadleuaeth athletau ym Mharc Eirias, Bae Colwyn

Dôl e

Bala

Bore Mawrth

A Andrea,

Mae gen i syniad
boh tro wyt ti'n dod heibio wen ffonia
dwi'n mynd - (hen JG rwtthiwr)
Riesr rhaid rhoi pethe'n iawn,
wedi gofyn i Aled os rhoges
pryd gall ddod - rydw i'n dod Sadwrn
y Pasg nesaf neu ŵyl, neu nos Wener,
os bydde'n dod cael practis yn
fuan. Pryd wyt ti'n gallu dod i ni
wythnos nesaf? Rhaid gweld
ymarfer gwaspardd -
anfonaf y copi o'r ffurflen heddiw

# B.J.
**Atgofion Llio Wyn Richards,
Cyn-ddisgybl, Ysgol y Berwyn, 1990–1997**

## Fy Niwrnod Cyntaf yn Ysgol y Berwyn

Yr ail o Fedi, 1990. Fy niwrnod cyntaf yn Ysgol y Berwyn, Y Bala. A dwi'n cofio aros yn eiddgar yn y neuadd ar ôl y gwasanaeth er mwyn darganfod pwy oedd fy athrawes ddosbarth. Ac ar ôl i'r prifathro roi trefn ar bawb, fe gefais wybod. Dwi'n Celyn efo 'B.J.'

Ro'n i'n gegrwth wrth edrych ar fy athrawes ddosbarth newydd. Pwy ydi'r ddynes efo'r gwallt gwyllt yma? meddyliais. Ar yr olwg gynta', ro'n i methu coelio fod 'na neb yn ei iawn bwyll yn medru gwisgo'r ffasiwn gyfuniad o batrymau di-chwaeth.

Ie – hon oedd B.J. Ei gwallt yn ddu fel y fagddu a'i dillad mor lliwgar, nes fy mod yn siŵr ei bod yn gyfrifol am roi twll yn yr osôn.

Oedd, roedd dillad B.J. yn wahanol. Roedd hi'n gwisgo cyfuniad gwyllt o oren, sbotiau, pinc a streips, glas a gwyrdd a melyn, patrymau igam-ogam a blodau o bob math, ac yn aml iawn, i gyd efo'i gilydd. Roedd B.J. fel fersiwn Cymreig o Vivienne Westwood, ac roedd angen gwisgo sbectol haul wrth edrych arni!

Er hynny, roedd ei synnwyr o ffasiwn, yn adlewyrchu'r hwyl a'r drama a'r anhrefn a oedd yn rhan amlwg ohoni. Ac er imi boeni sut un oedd hi i ddechrau, doedd hi ddim yn hir cyn i mi sylweddoli fod B.J. yn athrawes arbennig iawn. Roedd B.J. yn annwyl iawn gan bawb, yn blant ac yn athrawon.

**Buddug James:** Brenhines y Ddrama

Unwaith yr wythnos yr oedd pawb yn derbyn gwersi ABCH, sef (Addysg Bersonol a Chymdeithasol). Bwriad y gwersi oedd cyflwyno inni beryglon y gymdeithas – cyffuriau, alchohol, rhyw ac yn y blaen. A B.J. oedd yn cynnal ein gwersi ni.

Ond i B.J. – ar ôl rhyw ddwy neu dair o wersi, fe benderfynodd roi stop arnynt a rhoi gwersi drama inni yn eu lle. Ac felly y bu. Bob wythnos, yr oedd pawb yn 1 Celyn yn ei heglu hi i'r neuadd i gael gwersi drama. Ond nid gwers ddrama gonfensiynol yn darllen testun Saunders neu Miller, neu yn dadansoddi dulliau Ibsen neu Stanislavski, oedd y rhain. Dim o gwbl. Gwersi actio byrfyfyr oedd gwersi drama B.J. Cyfle i arbrofi'n greadigol, actio sefyllfaoedd doniol a chreu cymeriadau. A do, fe gawsom andros o hwyl.

Y meistri byrfyfyr yn ein dosbarth ni oedd dau o hogie o ardal Corwen, Ian a Mark. Cesus y flwyddyn. Bob wythnos, roedd Ian a Mark yn llwyddo i gael y dosbarth i gyd i rowlio chwerthin. Yn aml iawn, yr oeddent yn actio dau hen ddyn budr – yn debyg iawn i'r ddau gymeriad enwog a greodd Harry Enfield ar ei gyfres deledu, *Harry Enfield and Chums.*

Roedd y gwersi yma'n wych, ac roedd pawb yn mwynhau. Yr oeddent yn rhoi hyder inni ymysg ein gilydd fel pobol ifanc, a hyder ar lwyfan. Ac mae rhoi hyder i bobol ifanc yn elfen amhrisiadwy o fewn addysg bersonol a chymdeithasol. Diolch, B.J.

**Buddug James:** Brenhines y Ddrama

Fe ddatblygodd fy niddordeb ym myd y ddrama ymhellach, a chymerais y pwnc ym Mlwyddyn 10. Ac ar ddechrau'r cwrs, fe benderfynodd B.J. drefnu trip i'r criw TGAU i Bolton i weld drama enwog Tennessee Williams, *Cat on a Hot Tin Roof.* Fe drefnwyd bws mini drwy garedigrwydd Bysus Williams, ac i ffwrdd â ni, rhyw wyth ohonom, dros y ffin.

Doedd dim ffasiwn beth â *Route Planner, Sat Nav* na ffôn symudol yn 1993. Yr oedd yn rhaid dibynnu ar wybodaeth ddaearyddol ein gyrrwr a B.J. – a chroesi bysedd. Ac yn ôl darogan B.J. – "'Chydig dros awr gymerith hi". Ond yn anffodus, fe gymerodd hi bron i deirawr inni i gyrraedd Bolton, ac yn waeth na hynny, roedd B.J. wedi drysu ac wedi cofio nad oedd y ddrama'n cael ei pherfformio yn agos at Bolton! Roedd y ddrama yn cael ei chynnal mewn rhyw neuadd bentre' ychydig y tu allan i'r dref, felly, ymlaen â ni, a theithio ymhellach fyth. Awr yn ddiweddarach, ac fe ddaethom o hyd i'r neuadd.

Duw a ŵyr ble'r oeddan ni. Does gen i ddim unrhyw fath o syniad hyd heddiw ble'r oeddan ni. Un peth a oedd yn sicr, erbyn inni barcio, cerdded draw a thalu – dim ond ugain munud o'r ddrama a oedd ar ôl!

Felly, ar ddiwedd y perfformiad, fe benderfynodd B.J. fynd â ni am bysgod a sglodion mewn rhyw gaffi bach yng nghanol y pentre'!

Yr hyn sydd yn nodweddiadol imi am y stori fach yma oedd fod treulio amser yng nghwmni B.J. yn ddrama ynddi'i hun – yn fwy difyr, lliwgar a doniol na theithio a thalu'n ddrud i weld unrhyw ddrama glasur ar lwyfan.

Mae pob profiad a gefais yng nghwmni B.J. yn aros yn glir yn y cof a dwi'n falch o fod wedi ei hadnabod. Fel fasan ni'n deud yn griw yn ein harddegau 'nôl yn y nawdegau: "Ma' B.J. yn *star.*"

Rhai o'r criw o ardal Rhydypennau, Ceredigion, a oedd yn derbyn gwersi gan Buddug, yn cyflwyno dwy ddafad Jacob iddi yn haf 2003, fel arwydd o'u gwerthfawrogiad

**O'r chwith:** Hedydd Mai Phyllip, Lisa Healy, Siân Elen Price, a'i thad, Tony Price.

(Doedd un arall, Rhodri Evans, ddim ar gael pan dynnwyd y llun.)

Buddug James: Brenhines y Ddrama

**Y rhes gefn:** Rhian Williams, B.J., Helen Griffiths.

**Y rhes flaen:** Angharad Dafydd, Babette Jones.

**Buddug James:** Brenhines y Ddrama

# B.J.

Menyw Dole'r munud ola' – o hyd
    Yn rhedeg i'r Bala;
  Hon ydoedd Mam y ddrama
  Oedd â'i bryd yn ddiwyd dda.

Buddug, yr un ar hugain – a'i thalent
    Fytholwyrdd yn arwain
  Â hyder dan ei hadain
  O hyd â'r gelfyddyd gain.

Rhoi o'i llafur i'r llwyfan – gan annog
    Yn heini bob oedran,
  A chast anfarwol ei chân
  Yn ei gofal yn gyfan.

Beunydd yn 'ffaelu benni', – oferedd
    A fu oriawr iddi;
  A deuai tân ei dweud hi
  Yn sterics ymhob stori.

Rhoddai i ni ein rhuddin, – rhoi inni
    Rinwedd anghyffredin,
  A rhoddai werth mewn chwerthin
  Yn fêl i gyd fel y gwin.

Ei rhoi sy' heddiw'n parhau, – ei hynni
    A'i henaid drwy'r sgriptiau
  A erys, ac mae'i geiriau'n
  Ennyn tân yn ein to iau.

**Andrea Parry**

**Buddug James:** Brenhines y Ddrama

Un o'r canlyniadau mwyaf a phwysicaf y medrwn ei danlinellu yw'r ffaith fod B.J. wedi dylanwadu ar blant a phobol ifanc ym myd y ddrama a chelfyddyd, a'n bod heddiw yn eu gweld ymhob rhan o'r diwylliant Cymreig.

**Cyn-ddisgyblion B.J.:**

**Clifford Jones (cyn-gynhyrchydd *Pobol y Cwm*)**
**Alun Ffred Jones (cynhyrchydd)**
**Dewi Rhys Evans (rheolwr llawr)**
**Alwyn Siôn (dychanwr)**
**Olwen Medi (actores)**
**Rhys Richards (actor)**
**Llinos Clwyd (actores)**
**Dora Jones (actores)**
**Rowena Jones Thomas (un o ddwy gyflwynwraig gyntaf S4C)**
**Carys Edwards (darlithydd Drama)**
**Ian Lloyd (darlithydd Drama)**
**Huw Williams**
**Richard Arwel (cynhyrchydd)**
**Rhian Staples (actores)**
**Sioned Jones Williams (actores)**
**Olwen Atkinson (actores)**
**Mary Lloyd Davies (cantores)**
**Catrin Mara (actores)**
**Siwan Llynor (actores)**
**Robin Ceiriog (actor)**

Ac mae llu o rai eraill. Pwy arall yng Nghymru a ddylanwadodd ar gymaint o wahanol unigolion, yr unigolion hyn wedi cyfrannu'n helaeth at ddiwylliant Cymru, yn enwedig ym myd y ddrama?

Mae enw Buddug James Jones, neu B.J., yn ddihareb bellach. Mae nifer fawr o'r criw a fu o dan ei hadain wedi mynegi eu parch a'u dyled iddi. Rydym yn sicr fod pawb o garedigion y ddrama yng Nghymru yn gwybod am ei dawn a'i hymroddiad.

Fel person, roedd B.J. yn un o fil, yn gymeriad egsentrig, prysur, ond hynod o garedig – parod i roi lloches i anifail neu berson ar ei fferm (yno y lansiwyd y nofel *Martha, Jac a Sianco* gan Caryl Lewis). Dylanwadodd ar dair cenhedlaeth o blant yn Y Bala ac eto yn Aber, ac mae'n enw teuluol. Efallai mai'r hyn sy'n siarad huotlaf am ei llafur yw'r ffaith fod cynifer o gwmnïau drama ym Mhenllyn ac Aber heddiw, a hynny lle y mae cyn-actorion B.J. yn awr wrth yr awenau. Mewn cyfnod o dros hanner can mlynedd hi oedd y gwreiddyn a ysgogodd gymaint o ganghennau newydd i ddwyn ffrwyth ym myd y ddrama yng Nghymru.